The Linguistic Study
of Taboo Phenomena
in Cantonese

粵語忌諱現象的語言學研究

新年快樂

心口
污糟
大酒店
危
舌
波子
交吉
通勝
歡喜

王晉熙 著
Wong Chun Hei

青森
文化

# 粵語忌諱現象的語言學研究
## The Linguistic Study of Taboo Phenomena in Cantonese

## 王晉熙
**Wong Chun Hei**

### 香港理工大學
**The Hong Kong Polytechnic University**

### 中文及雙語學系
**Department of Chinese and Bilingual Studies**

### 中國語文文學碩士
**Master of Arts in Chinese Language and Literature**

**2021**

# 序言

　　對不少同學來說，寫畢業論文是苦差，我卻甘之如飴，整個研究過程不過是具玩味的思維及語言訓練。大概是因為「忌諱」就是「禁忌」；「委婉語」就是一些「禁忌代替語」，用粵語口語來說，即是「衰嘢」及「衰嘢代替語」。研究「如何講衰嘢」及「衰嘢代替語」簡直是每個青春期男孩的最佳研究題目。

　　本著「人哋唔做我去做，殺出一條新血路」的態度，開展粵語委婉語的研究。過程中不單發現有趣且矛盾的語言現象，更使我再次驚嘆粵語的博大精深。為留下點點印記，決定把論文原文出版，希望把研究「原汁原味」呈現。同時，希望讀者不要被書名嚇怕，因書中內容極為「貼地」，相信能使粵語讀者會心微笑。

# 論文撮要

語言忌諱（Language Taboo）普遍存在於不同社會及語言中。為了避免觸犯忌諱或惹人不悅，語言使用者以委婉語（Euphemism），即一種含糊曲折的表達方式，來替代直接表達忌諱字眼。

然而，基於文化、語言、地域三大因素，不同語言甚或方言又會發展出各自的忌諱及委婉語。例如上海人忌說「蘋果」，因吳語發音與「病故」相近；又如從前溫州曾出現虎患以致當地人聞虎色變，因而改以「大貓」替代「老虎」。

由於地理和社會因素，粵語的忌諱語及委婉語數量極多，甚具特色。例如因視「水」為財而忌諱與之反義的「乾」，故此，「飲乾」或「乾杯」以「飲勝」代替。迷信趨吉避「凶」故忌諱與「凶」同音的「空」，以「吉」字替代，

因而稱「空屋」為「吉屋」，稱「空車」為「吉車」。而以「吉」代「空」之忌諱用法，甚至被香港官方法律文件所採用。

通過文獻整理、問卷調查、行業訪談及方言的忌諱比較，本文旨於從社會語言學角度全面分析粵語的忌諱系統（包括忌諱的原因、類別及方式）、粵語忌諱的獨特性。最後解析粵語的三大忌諱現象：「二層忌諱」、「故意不忌諱」及「忌諱的文化差異」。

關鍵詞：粵語 漢語方言 忌諱 委婉 二層忌諱

# Abstract

Language taboos exist in different societies and languages. To avoid violating taboos or causing unpleasantness of others, language users use euphemism, an indirect and vague expression to replace the taboo words.

However, due to cultural, language and regional factors, different languages, even dialects, have developed their very own language taboos and euphemism. Shanghai people regard "apple" as a language taboo, because its pronunciation in Hu language (Shanghainese) is very close to "die of an illness". Wenzhou people are afraid of mentioning "tiger", as tiger attacks happened in the history of Wenzhou. As a result, "big cat" is used to replace the word "tiger" in Wenzhounese.

Due to geographical and cultural reasons, language taboos and euphemism in Cantonese are especially rich and unique. For example, "water/ moisture" is regarded as "wealth" in Cantonese culture, so people avoid its antonym, "dry". To avoid saying the word "dry", the word 「飲勝」 (drink till win) is coined to replace 「飲乾」 (drink till dry) or 「乾杯」 (dry the glasses) . Cantonese culture believes in "pursuing luck 「吉」 and avoiding disaster 「凶」". As 「空」 (empty) shares the same pronunciation of 「凶」 (disaster), it becomes a taboo word in Cantonese. 「吉」 (luck) is used to replace 「空」 (empty), 「空屋」 (empty house) is replaced by 「吉屋」 (lucky house), 「空車」 (empty car) is replaced by 「吉車」 (lucky car). The euphemistic expression of 「吉」 (luck) is even adopted by Hong Kong official legal documents.

Through literature reorganization, questionnaire survey, interviews and Chinese dialects' taboos comparison, this sociolinguistic study aims to analyze the system of language taboos in Cantonese comprehensively (including analyzing the taboos' reasons, types and ways), to examine the uniqueness of Cantonese taboos, and to interpret three Cantonese taboo phenomena: "Two-Folded taboo", "Violating taboo intentionally" and "Cultural differences of taboo".

Keywords: Cantonese, Chinese dialects, Taboos, Euphemism, Two-Folded taboo

# 目錄

一、導論

青瓜

交吉

竹昇

通勝

歡喜

飲勝
飲乾

心口

污糟

大酒店

危

波子

舌

# 1. 粵語忌諱的研究價值

　　出於對大自然及靈界的敬畏、不幸的恐懼及避免引起他人不悅，不同社會禁止做某些行為及禁止說某些主題及與之相關的字詞。而後者被稱為「語言忌諱」（Language Taboos）。除完全不談及該主題或字詞外，人們還慣以「委婉語」（Euphemism）代替本身屬忌諱的主題及字句。[1]「忌諱話題或字詞的代替語」為「委婉語」，英語為 "Euphemism"。"Euphemism" 則源自希臘語，（"eu" 指好的；"pheme" 則指說話）。[2] 如果直接合解則為「好的說話」。因此，大部分字典會把「委婉語」（Euphemism）簡單定義為以「好的說話」來代替「不好的說話」。如 "Routledge Dictionary of language and linguistics" 把「委婉語」（Euphemism）定義為：「能使人感到愉快或含糊的說法代替具有令人不悅的含意或不夠尊敬的表達方法。」[3] 又如 "The New Shorter Oxford English Dictionary" 把「委婉語」（Euphemism）定義為：「用於代替冒犯及粗直的說話，其特點多為含糊及較為溫和。」[4]

　　雖然「委婉語」目的是出於用好話代替不好話，如以「讓人感到愉快的話」代替「使人不悅的話」，但筆者對於「委婉語」最終是否使人「感到愉快」則有保留。首先，部分「委婉語」屬中性，如粵語文化認為「瓜」有死之意，黃姓人士忌諱「黃瓜」，故以「青瓜」作為「委婉說法」。[5] 然而，「青」單純取物顏色而命名，難言使人「感到愉

快」。其次，不少慣用「委婉語」，最終也會成為需要避諱的忌諱，即使用了「委婉語」也不必然「能使人感到愉快」，此點將在第四部分詳論。

筆者認為 Keith Allan 的定義較為準確：「委婉語是用於代替不合意或不被期望的字詞或短語。」（Euphemisms are words or phrase used as an alternative to a dispreferred expression.）[6] 則言之，「委婉語」目的在於讓說者不用「明說」該事或物，聽者也能領會其意。「委婉語」屬聽者及說者間的共識，更與文化慣性有關。由此推論，「委婉語」有兩大特點：一、較被代替之字句較為含糊。二、往往需要熟知該語言文化的人方可解讀其本意。因此，筆者將對「委婉語」定義修訂為：「為避免觸犯語言忌諱及減低對聽者的傷害，但又需要表達相關意思時所說的代替語。委婉語特點為含糊曲折，往往需要熟知該語言文化的人方可解讀其本意。」「忌諱語」與「委婉語」屬並存關係，當對某主題及字詞有所「忌諱」，語言使用者便會想到用以代替的「委婉語」。

例如不同語言使用者會視「死亡」主題為「語言忌諱」，不願直接說出。[7] 因此，不同語言使用者發展出各自的「委婉語」，如粵語會以「走咗」（更含糊、熟知粵語人士方能解讀）；英語以 "pass away"（更含糊、熟知英語人士方能解讀）來作為「死亡」這「忌諱詞」的「委婉代替詞」。[8]

忌諱在粵語口語中又名「棹忌」，「棹」是指水上人的「艇」[9]，而「棹忌」原本指的是「行船忌諱」，諸如因忌諱翻船，在吃飯時不會把魚「翻身」（此屬行為忌諱）。[10]「棹忌」二字及後被岸上人吸納，引伸至所有忌諱。因此，「棹忌」今解作「忌諱」。[11]粵語忌諱詞極多，曹小燕指出粵語的忌諱語數量是中國各方言之中最多。[12]粵語忌諱廣見於各行各業，一直沿用至今。漁業：「桅」字不讀「危險」的「危」（ngai4）[13]改讀「圍」（wai4）；出版業：以「通勝」代替「通書」，因忌諱「書」、「輸」音；[14]飲食業：把「豬血」中被認為不吉利的「血」改成「豬紅」；[15]地產業：以「交吉」代替「交空」等。[16]日常生活中亦有很多忌諱，如不能稱女性長輩為「伯母」，而改成「伯有」。原因是粵語中的「伯」（baak3）與「百」（baak3）同音；「母」（mou5）與「無」（mou5）同音，稱呼別人為「伯母」有「百冇」即「甚麼也沒有」之意。[17]語言忌諱不單規限語言，甚至因為語言忌諱而導致某些行為也被規限，如不能把「鞋」送給別人作禮物，因為「鞋」的粵音（haai4）與嘆氣音（haai4）完全相同，故「送鞋」象徵把不如意送給別人，暗指人要以「鞋」（haai4）聲度日。

香港作為國際都會，各行業走向專業化。然而，語言忌諱仍深入民心，甚至被錄入政府法律文件中。如前文提及地產業把「交吉」中的「吉」其是把「空」說成「吉」，忌諱的是「空」即「凶」的音，特別因為「凶宅」指曾發生非自然死亡事故，如自殺及凶殺案的單位。[18]故人們更

忌諱以「空」字來形容單位。「吉屋」、「交吉」等本屬民間忌諱語的委婉語，卻被多份香港官方法律文件所錄[19]:〈根據《2004年業主與租客（綜合）（修訂）條例》提出申請的通知書〉:

本人／我們（本通知書的簽署人）已在土地審裁處入稟了一份針對上述答辯的申請通知書，要求收回上述處所的空置管有權（即要以交吉方式收回該處所）[20]

另外，應是相信科學，破除迷信的專業，竟同受粵語忌諱現象影響，甚至形成行業獨有忌諱。如護士值班時會避免吃紅色的食物，因紅色似血，怕紅色之物會為病人帶來不幸，特別是血光之災。又會避免提及「死」及與之近音的「四」字。[21]

粵語忌諱的數量及種類繁多，而其忌諱原由及委婉方式涉及深層的文化意涵。語言忌諱雖與「迷信」相關，但時至今天粵語人士仍普遍遵守語言忌諱。

同時，粵語忌諱仍有待釋疑的現象：一、粵語人士會把原來「不忌諱」成為「忌諱」，原來的委婉字最後也成為另一個忌諱，形成「二層忌諱」。顯例如原本「行開咗」屬中性，只解作某人離開某地，但由於長期被用作「死」的委婉語，最終也形成另一「忌諱」，在日常生活中需要避免。二、粵語「忌諱的矛盾現象」，雖然粵語人士尤其忌諱「死亡」及「鬼」，但同時常用到「死」、「鬼」等

字如：「好抵死」、「鬼打鬼」，此類例子更廣見於流行媒體中，究竟「矛盾現象」背後成因為何？三、忌諱中的「文化差異」。香港不同餐廳對於同一食物有不同稱呼，為何「豬肝」的「肝」（音：乾）需要忌諱，以「豬膶」代替之，但在西式餐廳中卻鮮見「鵝膶」，而是直稱「鵝肝」？又如「動物血造成的食物」為何在不同餐廳被叫作「紅」、「旺」、「血旺」？現象背後折射的文化差異值得研究。


## 2. 文獻回顧

　　語言忌諱屬跨領域的研究主題，心理學對忌諱的研究早見於 Sigmund Freud: "Totem and Taboo"，以心理學及文化角度剖析人類對事物恐懼的基因。[22] Timothy Jay: "The psychology of expressing and interpreting linguistic taboos"，從心理學角度比較分析人們如何解讀不同的忌諱語。[23] 陳原：《語言與社會生活──社會語言學》則探討社會轉變與語言忌諱之間關係。[24] Otto Jespersen: "Language: Its Nature, Development, and Origin" 從歷史語言學探討語言忌諱，並援引不同文化中獨有及共通的忌諱例子。[25] Keith Allan: "Forbidden Words: Taboo and the Censoring of Language" 則從現代語言學觀點分析語言忌諱的起源、分類及實際價值。[26]

Brown and Levinson 從社會語言學角度提出 FTA 理論（face-threatening act），論者提出聽者或是說者的面子，包括「積極面子」或是「消極面子」在對話的過程中都難免會受到威脅。為此，語言使用者會用「禮貌策略」（如：積極禮貌策略」、「消極禮貌策略」、「迂迴策略」等）以降低說話對聽者及說者面子的威脅。[27] 使用委婉語的其中一個目的是避免聽者不悅，即保持聽者「面子」，及後 Eliecer Crespo-Fernández: "Euphemistic Strategies in Politeness and Face Concerns" 從語用學角度入手，研究「FTA 理論」及語言忌諱的關係。[28] 另有學者套用 FTA 理論框架分析不同語言的委婉策略及實際成效如 "A Sociolinguistic View of Euphemism in Arabic and English: a comparative analysis" 從社會語言學切入，並借助 FTA 理論框架對比分析阿拉伯文及英文的委婉語。[29]《現代漢語委婉言語之語用策略及語言形式——以臺灣地區為例》同樣借助 FTA 理論框架分析現代漢語委婉語。[30]

另外，Huang Hongxu and Tian Guisen: "A sociolinguistic view of linguistic taboo in Chinese" 同以社會語言學角度入手，並發展出："Contextual framework in linguistic taboo analysis"，框架強調從「宏觀語境（社會因素）」及「微觀語境（特定場景）」分析語言忌諱，如「孩子」在「宏觀語境」下不屬忌諱，但假若在流產不久的婦人面前（特定語境）便屬忌諱。反之，「安全套」在「宏觀語境」下屬忌諱，但若在醫院（特定場景）此字不屬忌諱。

某字詞或片語在「宏觀語境」及「微觀語境」下同為忌諱，屬「絕對忌諱」（absolute taboo）。若某字詞或片語只在「宏觀語境」屬忌諱而在「微觀語境」不屬忌諱，屬「準非忌諱」（quasi-nontaboo）。若某字詞或片語在「宏觀語境」不屬忌諱，但在「微觀語境」屬忌諱，屬「準忌諱」（quasi-taboo）。[31]

　　Contextual framework in linguistic taboo analysis 圖像化框架 [32]，框架出自：Huang Hongxu and Tian Guisen. "A sociolinguistic view of linguistic taboo in Chinese." International Journal of the Sociology of Language (1990): 66.。

　　學者甚至官方機構為英語、其他外語及標準漢語有系統地記錄忌諱語及委婉語。日語中的忌諱語系統紀錄更早見於平安時代的〈斎宮忌詞〉。〈斎宮忌詞〉列出斎宮中的忌諱語及其委婉語，如「尼（忌諱）稱女髮長（委婉）」、「墓（忌諱）稱壞（委婉）」等。[33] "A Dictionary of Euphemisms" 收錄並解說千項英語委婉語。[34] 張拱貴：《漢語委婉語詞典》收錄古漢語及現今標準漢語的忌諱語及委婉語。[35]

　　有關粵語忌諱語及委婉語研究及紀錄主要有以下三類：一、語言研究類，如："Modern Cantonese Phonology" 以傳統語言學切入，列舉並分析部分常用的粵語忌諱。[36] 曾子凡：《香港粵語慣用語研究》，以「慣用語」作為研究焦點，觸及部分忌諱詞彙及原因。[37] 丁邦新：〈粵語

中一些避諱的詞彙〉列舉並分析香港部分較常見的粵語避諱詞彙。[38] 譚葉娟:《香港粵語委婉語研究》分析部分粵語委婉語,並探討香港粵語委婉語「潮化」現象。[39] Kingsley Bolton and Christopher Hutton: "Bad and Banned Language: Triad Secret Societies, the Censorship of the Cantonese Vernacular, and Colonial Language Policy in Hong Kong" 以社會語言學角度研究殖民政府不同時期對香港「黑社會用語」及俗語的審查及規管政策,並說明兩者如何被吸收成日常用語。論文解釋部分涉及「黑社會」的粵語忌諱。[40] 林倫倫:《中國言語禁忌和避諱》審視中國的言語忌諱,當中援引部分粵語忌諱作為例子解說。[41] 梁慧敏:《正識中文》解析各種中文語言現象,當中亦解說部分常用的粵語忌諱。[42] David C. S. Li: "Linguistic Convergence: Impact of English on Hong Kong Cantonese" 研究英語對香港粵語的影響,研究提及英文字母作為粵語委婉語的功能。[43]

　　二、文化研究類,如 Tsang Yuet Ling 的 "A Comparative Investigation of Attitudes towards Taboo Language in English and Cantonese" 旨在比對香港粵語及英語人士對待語言忌諱態度之異同。[44]〈普通話和粵語的食物名稱對比〉則以粵語獨有的食物名稱為研究焦點,並剖析部分涉及忌諱的食物命名。[45]〈從粵語的諧音特點看廣州文化〉以粵語的諧音為研究切入,考據粵語諧音及忌諱的形成關係。[46] 又有 "Taboo and Cultural Psychology in Cantonese",從文化心理學切入,解釋部分粵語忌諱。[47] 其文雖有舉例說明,惟未能

清楚解釋忌諱的方式與分類。加上採用普通話標音而非粵語標音，難以準確闡述粵語忌諱，如交代粵語忌諱「竹杠」的由來：

> In Cantonese, "gan"（杠）and "jiang"（降）have the same pronunciation. They change "zhugan"（竹杠）to "zhusheng"（竹昇）.[48]

然而，普通話的「杠」（gan）、「降」（jiang）不同音，非粵語者實難以理解為何在粵語中需要忌諱，更沒有從文化層面解說粵語對「杠」的忌諱。

三、方言字典類，如《廣州方言詞典》[49]、《廣州話俗語詞典》[50]、《香港粵語大詞典》[51]等有收錄部分忌諱及委婉字詞，並作簡單解釋。

語言忌諱屬跨領域主題，包括心理學、歷史學、語言學、語用學及社會語言學等。而有關英語、標準漢語及其他漢語的研究相對系統及全面，反觀有關粵語忌諱研究仍為零散，未整合成全面的粵語忌諱系統，包括粵語忌諱的分類與方式。甚至仍未見詳細交代粵語忌諱字詞及原由的《粵語忌諱詞典》，更未有學者提出及解釋本文提出的三大疑問，證明粵語忌諱的研究價值。

# 3. 研究目的與方法

本研究從社會語言學角度出發，通過文獻整理、問卷調查和行業訪談等研究方法，全面剖析粵語的忌諱系統及語言忌諱在香港的流傳狀況。通過比對其他漢語方言的忌諱詞，從而發掘粵語忌諱的獨特性。最後解析粵語三大忌諱現象：「二層忌諱」、「故意不忌諱」及「忌諱的文化差異」。本論文分成六大部分：「導論」、「社會與忌諱的形成」、「粵語忌諱系統及在香港的流傳狀況」、「粵語與其他漢語方言忌諱的比較」、「粵語忌諱現象剖析」及「結語」。

第一部分：導論。交代粵語忌諱的研究價值及本論文的研究目的與方法。

第二部分：社會與忌諱的形成。交代語言忌諱的背景、定義及其社會意涵，闡述本文「語言忌諱與社會互動關係」分析框架。並闡釋香港粵語文化與忌諱的形成關係。

第三部分：粵語忌諱系統及在香港的流傳狀況。通過查考書籍、論文、紀錄片、歌曲、電影、錄音、報章等資料，盤點不同類別的忌諱字句及其原因。然後，從以上資料整理出粵語忌諱的方式。從「類別」及「方式」剖析粵語忌諱系統。最後通過問卷調查及行業訪問，探討粵語忌諱在香港的流傳狀況。

第四部分：粵語與其他漢語方言忌諱的比較。通過對比粵語與其他漢語方言，查找粵語與其他漢語方言忌諱的同與異。從而凸顯粵語忌諱的獨有之處。

第五部分：粵語忌諱現象剖析。將從社會語言及風俗角度，並借助前部分的資料，剖析三大粵語忌諱現象，包括：一、「反義詞破禁」與「二層忌諱」。二、「鬼」與「死」的故意不忌諱。三、語言忌諱的文化差異。

第六部分：結語。

1. Keith Allan and Kate Burridge, *Forbidden Words: Taboo and the Censoring of Language* (Cambridge: Cambridge University Press, 2006), p. 29.

2. Keith Allan and Kate Burridge, *Forbidden Words: Taboo and the Censoring of Language* (Cambridge: Cambridge University Press, 2006), p. 29.

3. Hadumod Bussmann, *Routledge Dictionary of language and linguistics* (London: Routledge, 2006), p. 388.

4. Lesley Brown, *The New Shorter Oxford English Dictionary* (Oxford: Oxford University Press, 1993), p. 860.

5. 王婧：〈普通話和粵語的食物名稱對比〉，《青年文學家》第 5 期（2014 年），頁 112。

6. Keith Allan and Kate Burridge, *Forbidden Words: Taboo and the Censoring of Language* (Cambridge University Press, 2006), p. 32.

7. 陳原：《語言與社會生活——社會語言學》（臺北：臺灣商務印書館，2001 年），頁 84-86。

8. Keith Allan and Kate Burridge, *Forbidden Words: Taboo and the Censoring of Language* (Cambridge University Press, 2006), p. 97.

9. 原出自「縱棹隨風，弭楫乘波。」〔晉〕張協：〈七命八首之二〉，收錄於〔南〕蕭統主編《昭明文選 4》（長春：吉林文史出版社，2007 年），頁 192。

10. 鄭錦鈿：〈一個水上人家庭的故事——從水上人空間運用的生活文化尋找被遺忘的歷史〉，嶺南大學文化研究系 MCS 年度研討會（2012 年），頁 20。

11. 張勵妍、倪列懷、潘禮美：《香港粵語大詞典》（香港：天地圖書有限公司，2020 年），頁 127。

12. 曹小燕：〈從文化心理角度透視粵語中的禁忌語〉，《中國社會科學報》，2020 年 2 月 14 日。

13. 本文採用香港語言學學會頒布的「粵拼」標註粵音。

14. 梁慧敏：《正識中文》（香港：三聯書店，2010 年），頁 172。

15. 曹小燕：〈從文化心理角度透視粵語中的禁忌語〉，《中國社會科學報》，2020 年 2 月 14 日。

16. 曹小燕：〈從文化心理角度透視粵語中的禁忌語〉，《中國社會科學報》，2020 年 2 月 14 日。

17. 梁慧敏：《正識中文》（香港：三聯書店，2010 年），頁 172。

18. 經濟一週編輯部：〈如何識別凶宅？〉，《經濟一週》，2020 年 10 月 26 日。

19. 「交吉」二字亦見香港特別行政區法律改革委員會：〈法律改革委員會發表售樓說明研究報告書〉，1995 年。

20. 香港特別行政區土地審裁處：〈根據《2004 年業主與租客（綜合）（修訂）條例》提出申請的通知書〉，2004 年。

21. 訪問錄音，參考附錄「護士界別訪問」

22. Freud, Sigmund, *Totem and taboo: some points of agreement between the mental lives of savages and neurotics* (Norton, 1950), pp. 1-172.

23. Timothy B. Jay. "The psychology of expressing and interpreting linguistic taboos." *The Oxford Handbook of Taboo Words and Language* Chapter 5 (Oxford University Press).

24. 陳原:《語言與社會生活——社會語言學》（臺北:臺灣商務印書館,2001 年）,頁 1-265。

25. Otto Jespersen, *Language: Its Nature, Development and Origin* (George Allen and Unwin, 1922), pp. 1-442.

26. Keith Allan and Kate Burridge, *Forbidden Words: Taboo and the Censoring of Language* (Cambridge University Press, 2006), pp. 7-10.

27. Penelope Brown and Stephen C. Levinson, *Politeness. Some Universals in Language Usage* (Cambridge University Press, 1978), pp. 1-358.

28. Eliecer Crespo-Fernández. "Euphemistic Strategies in Politeness and Face Concerns." *Pragmalingüística* 13 (2005): 77-86.

29. Loae Fakhri Jdetawy. "A Sociolinguistic View of Euphemism in Arabic and English: a comparative analysis." *International Journal of Development Research* (2019): 30835-30826.

30. 劉怡君:《現代漢語委婉言語之語用策略及語言形式——以臺灣地區為例》（臺北:國立臺灣師範大學碩士論文,2006 年）,頁 1-161。

31. Huang Hongxu and Tian Guisen. "A sociolinguistic view of linguistic taboo in Chinese." *International Journal of the Sociology of Language* (1990): 63-86.

32. Huang Hongxu and Tian Guisen. "A sociolinguistic view of linguistic taboo in Chinese." *International Journal of the Sociology of Language* (1990): 66.

33. 小倉慈司:〈『延喜式』卷五校訂（稿）〉,《国立歷史民俗博物館研究報告》（2019 年）,頁 41-68。

34. R. W. Holder, *A Dictionary of Euphemisms* (Oxford: Oxford University Press, 1995), pp. 1-470.

35. 張拱貴:《漢語委婉語詞典》（北京:北京語言文化大學出版社,1996 年）,頁 1-266。

36. Robert S. Bauer and Paul K. Benedict, *Modern Cantonese Phonology* (Mouton De Gruyter, 1997), pp. 304-315.

37. 曾子凡:《香港粵語慣用語研究》（香港:香港大學博士論文,2008 年）,頁 1-153。

38. 丁邦新：〈粵語中一些避諱的詞彙〉，《漢語研究的新貌：方言、語法與文獻──獻給余靄芹教授》（香港：香港中文大學，2016年），頁25-29。

39. 譚葉娟：《香港粵語委婉語研究》（香港：香港中文大學碩士論文，2010年）。

40. Kingsley Bolton and Christopher Hutton. "Bad and Banned Language: Triad Secret Societies, the Censorship of the Cantonese Vernacular, and Colonial Language Policy in Hong Kong." *Language in Society* (1995): 159-186.

41. 林倫倫：《中國言語禁忌和避諱》（香港：中華書局，1994年），頁1-178。

42. 梁慧敏：《正識中文》（香港：三聯書店，2010年），頁172，頁1-198。

43. David C. S. Li. "Linguistic Convergence: Impact of English on Hong Kong Cantonese." *Asian Englishes* (1999): 5-36.

44. Tsang, Yuet-ling, "*A Comparative Investigation of Attitudes towards Taboo Language in English and Cantonese*" (M.A. diss., The University of Hong Kong, 2005), pp. 1-56.

45. 王婧：〈普通話和粵語的食物名稱對比〉，《青年文學家》第5期（2014年），頁112-113。

46. 李新梅：〈從粵語的諧音特點看廣州文化〉，《深圳職業技術學院學報》第4期（2016年），頁46-49。

47. Xiaoyan Cao, "Taboo and Cultural Psychology in Cantonese" Conference: 3rd International Conference on Contemporary Education, Social Sciences and Humanities (July 2018): 774-777.

48. Xiaoyan Cao. "Taboo and Cultural Psychology in Cantonese" Conference: 3rd International Conference on Contemporary Education, Social Sciences and Humanities (July 2018): 775.

49. 李榮：《廣州方言詞典》（南京：江蘇教育出版社，2003年），頁1- 611頁。

50. 歐陽覺亞、周無忌、饒秉才：《廣州話俗語詞典》（香港：商務印書館，2009年），頁1-432。

51. 張勵妍、倪列懷、潘禮美：《香港粵語大詞典》（香港：天地圖書有限公司，2020年），頁1-400。

二、

社會與忌諱
的形成

心口

污糟

大酒店

危

舌

波子

青瓜

交吉

竹昇

通勝

歡喜

飲勝
飲乾

# 1. 語言忌諱與社會互動關係

人作為社會的個體，行為及說話受社會及文化所規範。除非故意挑釁或說笑，即使是現代人也會設法避免提及忌諱主題以免引起聽者不悅。語言忌諱起源不止於滿足交際禮儀，亦涉及古人類對大自然及靈界的理解。語言忌諱是忌諱（Taboo）的一種。"Taboo" 一詞由探險家 James Cook 引入英語世界，他到訪湯加島後，發現當地居民有些難以為外人理解的規範與忌諱，如小孩不能提及長輩財物，此類規範與忌諱被統稱為 Tabu（後成 Taboo）。James Cook 在其日誌中詮釋：「Taboo 指一切被禁止吃的、使用的及說的。」[52] 因此，語言忌諱起源自對某事、物、人、禮儀甚至神秘力量的忌諱，人們需要透過避談或以其他字句代替，以免犯禁。陳原指出，古時人類把語言與未能解釋的自然現象聯繫起來。後來更相信語言是福禍根源，只要說了「忌諱」，便會遭受懲罰及引來災禍，反之，只要說了「好話」，便會得到庇護和運氣。[53]

雖說語言忌諱起源於對自然或神秘力量的敬畏，但語言忌諱的傳承更大程度上是仰賴於人為的社會規範。Keith Allan 指出，即便犯禁者不是存心犯禁，不少社會以體罰、監禁、責斥、排擠方式懲罰犯禁者。最終，人們傾向接受規範，避免犯禁。[54] 而當「人在無意說卻又不小心說了忌諱」的情況下，部分人選擇以儀式及說話設法補救。如粵語人士不小心觸犯忌諱時，會說：「有怪莫怪，細路仔唔

識世界」、「大吉利事」及「磲（音：loe1）（義：吐）口水講過」等字來試圖化解觸犯忌諱帶來的不幸。[55]

R. W. Holder 把忌諱分成「年齡、破產、貪污、性、醉酒、屁、謀殺與自殺」等六十八項主題分類。[56] Keith Allan 把忌諱劃分成「名稱、地址、性、人體排出物、食物、氣味、疾病、死亡、殺害」九類。[57] 邱湘雲則列出「死亡、疾病、男女、身體、行業、人稱」六類忌諱。[58] 然而，筆者認為以上的分類過於細化，只局限於指定事物而沒有從更高的層面歸納忌諱的類項，如男女、身體及性三者可歸為雅俗類。同時，未能覆蓋所有類項，如階層、鬼神、錢財忌諱。筆者把上述分類修改及綜合，把語言忌諱劃分為以下六大類別：一、生死，二、鬼神，三、階層，四、雅俗，五、運勢，六、錢財。

一、生死類：對死亡的忌諱是各類中最多，廣見於不同文化及語言中。在英語關於「死亡」的代替表達有近三百個，如 "Go to a better place"（去更好的地方）、"peace at last"（最後的安詳）等。[59] 日語則有約一百個「死亡」的代替表達如：黄泉の客となる [60]。而標準漢語「死亡」的委婉語共有 929 個。[61] 當中甚為講究，如「壽終正寢」表示男性的死亡；「壽終內寢」表示女性的死亡；「駕崩」表示皇帝死亡。而粵語中亦有「走咗」等代替表示死亡。除了「死」，漢文化對於「出生」同有忌諱，中國人會以「有喜」、「吃二人飯」等代替表達。[62]

二、鬼神類：出於對鬼神的敬畏，人們傾向避免直接表示，特別在特定的場合與時間。如西方文化有時為避免提及 "Jesus"（耶穌），而會以 "Lord"（主）代替。[63] 粵語在特定的場合下如晚間和「鬼節」，避免說「鬼」。

三、階層類：主要體現於「下層」對「上層」的尊重，如不能直呼「上層」的名字，需要加上敬稱、尊稱。中國古時取名必須避皇帝及尊長之名，謂「名諱」。《公羊傳》云：「春秋為尊者諱，為親者諱，為賢者諱。」[64]

四、雅俗類：現代人出於禮貌；古代社會更可能出於宗教原因而避開「不潔」之物，因相信其會帶來不幸，故「避俗求雅」。常見的主題如性及人體排出物。如漢語以「方便」；英語 "convenience" 等代替表達「排便」。[65]

五、運勢類：出於對平安及幸運的祈求及對危險及不幸的規避，簡單而言即是「趨利避害」。西方國家認為「13」及「黑貓」屬不祥之物，會帶來不幸，故會避免談及。而不少漢語方言均對生病有所忌諱，客家語以「唔自然」；閩南語以「唔爽快」；粵語以「唔舒服」表示「生病」。[66]

六、錢財類：西方社會重視個人私隱，「錢財」話題屬於交際禮儀的忌諱，主動問及「收入」及「財產」等會被視為無禮。至於，漢文化更忌諱「貧窮」而希望得到更多財富。農曆新年時最常使用的賀語「恭喜發財」即為顯例。反之，在新年時非常忌諱提及「窮」字。

以上六類雖為不同類別，但在某些時代及文化下，各類別可能有所重疊，如苗族湘西語，一、生死與二、鬼神的語言忌諱大多重疊關連。又如有文化相信如提及四、不雅或不潔之物或會招來靈界鬼神懲罰。但為求更清晰展示研究，筆者採先詳列各不同類別，留待特定情況再作詮釋。

　　語言忌諱有跨文化的特性，不同文化或語言均對生死及雅俗有所忌諱。如除了漢語、粵語就連日語中同樣對「四」字有所忌諱，因其音與「死」音近。[67]

　　但同時，語言忌諱具文化獨特性。此獨特性既表現在忌諱主題及方式上。如廣東文化忌諱「乾」，因為「乾」等同「無水」即有「窮」之意，屬錢財類，「豬肝」中「肝」（音同「乾」）亦需避諱，改成「豬膶」。[68]「潤」則有「肥潤」富貴之意，及後把「水部」改成「肉部」，成「膶」。對「乾」的忌諱則鮮見於其他漢語方言中。

　　抑有甚者，雖同為漢語，方言間的語言忌諱可能會出現排斥，如粵語和閩東語中的「三」與「生」近音，故具屬「吉利」數字，[69] 但在苗族湘西語中「三」字卻是屬生死及鬼神類的禁忌，因當地在族人離世時，把三斤六両錢紙放在棺材。[70] 基於文化、地域及語言的因素，形成語言忌諱的共通性及排他性。

　　要避免觸犯語言忌諱，最直接的方法是避而不談，但在更多的情況下，忌諱卻不得不談。故此，人們想到用代

替方式來表達禁忌話題或詞句，如日語以「黃泉の客となる」來代替表達「死亡」；[71] 英語人士以 "loo" 代替表達 "toilet"。[72]

「委婉語」作為「忌諱語」的代替，一方面避免觸犯語言忌諱及減低對聽者的傷害，但同時表達相關意思。由於委婉語屬「聽者及說者的共識」，因此委婉語特點為含糊曲折，往往需要熟知該語言文化的人方可解讀其本意。「忌諱語」與「委婉語」屬並存關係，當對某主題及字詞有所「忌諱」，語言使用者便會想到用以代替的「委婉語」。

使用委婉語有三大原因：一、因害怕說了「忌諱語」而惹來不幸，故說「委婉語」代替。二、單純為了遵守人為規範。三、因為交際禮儀，避免傷害聽者的傷害（保持「面子」）而說「委婉語」。套用 "Euphemistic Strategies in Politeness and Face Concerns." 的分析框架，「委婉語」即可作為「保存聽者及自己面子（減低傷害），以及「保持禮貌」的樞紐 [73]：

綜合而言，語言忌諱與社會互動關係可綜合成以下框架：人作為社會個體，其言行由宗教、傳統禮儀及人為規範塑造而成。在古時人類由於對大自然或靈界的敬畏形成不同禁忌（Taboo），相信做了某事或說了某話會招來懲罰。另外，部分主題及字詞則是基於禮貌而被為忌諱。各社會為禁忌而發展出不同的規範手段，如體罰、監禁、責

斥等，導致人們傾向遵從忌諱及把忌諱流傳。忌諱可呈現在行為忌諱及語言忌諱中。語言忌諱可分為：生死、鬼神、階層、雅俗、運勢、錢財六大類別。而規避語言忌諱的方法除了直接不說外，亦可以「委婉語」代替表達。同理，「委婉語」的功能在於「避免不幸」、「遵從規範」及「減低傷害、保持禮貌」。而當「在無意說卻又不小心說了忌諱」的情況下，部分人會選擇以儀式及說話設法補救。

# 語言忌諱與社會互動關係 ── 圖像化框架

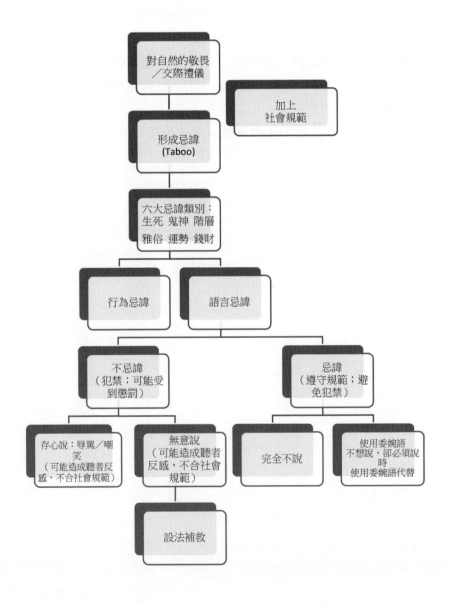

套用以上框架可分析粵語忌諱的起源、忌諱的類別及忌諱的方式等。可據此探討粵語忌諱與其他中國方言的同與異，從而發掘粵語忌諱的獨特性。

## 2. 香港粵語文化與忌諱的形成

按「語言忌諱與社會互動關係」，人類對自然的敬畏、交際禮儀加上人為規範三者形成忌諱。粵語文化對自然、靈界及無法控制的事物抱持敬畏態度。香港及廣州流傳的諺語「寧可信其有，不可信其無」，意思是當面對無法確定的事物如鬼神及神秘力量，不應否定而寧願相信其存在，一方面祈求神靈庇佑自己，一方面以免招致損失及不幸。[74] 基於此原則，人們傾向相信鬼神、靈界，並希望得到庇佑，亦會「嚴守忌諱」免招損失。

「寧可信其有，不可信其無」可體認於宗教多元中，根據最早期的《香港政府憲報》（《轅門報》），香港開埠之初，外來經商及艇上居住者佔了人口大多數，海神順理成章地成為最早期的信仰，如洪聖和天后。[75] 人們祈求出海平安，有所收獲，故出海前後會到天后廟還恩和繼續祈求神靈賜福。[76] 隨著社會發展、行業多樣化及西方宗教的傳入，信仰色彩更趨多樣及濃厚。保留至今的廟神有北帝、黃大仙、天后、洪聖、魯班、關公、土地公等。而西方傳入的有基督教、天主教、回教等，雖然西方宗教多為

具排他性的一神論宗教，但西方宗教流入香港後沒有取代其他信仰，反與之並存。如部分港人在「盂蘭節」為鬼魂「燒衣」（被認為可在陰間用到的錢財及物品）及舉辦「神功戲」；慶祝「天后誕」祈求平安順利，但同時慶祝西方聖誕節及復活節等。

要得到神靈庇護，先決條件是避免觸怒鬼神。因此，漸漸又發展出不同的規範與忌諱。如漁民平安歸來後，必須到海神廟宇還恩或「還神」。參拜黃大仙祠時忌穿著暴露，亦禁止女士在生理期參拜。[77]「盂蘭節」忌在街上提及「鬼」字，亦禁止吃路邊用作供奉鬼的祭品。

除指定神靈為對象的宗教崇拜外，香港還保留「通勝」[78]及「風水」的傳統。「通勝」是從前官員測天而寫成，記錄星宿五行，亦由此推算運程，並列出每天「忌」及「宜」之事，包括婚姻、搬屋、大掃除、入職等。[79]時至今天，仍有準備結婚的男女會按「通勝」的「忌、宜」建議來擇結婚的「良辰吉日」，希望締結的婚姻可以長久平安，白首到老。[80]

至於「風水」則著重人與環境的關係，《葬書》云：

> 葬者，乘生氣也……古人聚之使不散，行之使有止，故謂之風水……風水之法，得水為上，藏風次之。[81]

簡單而言，風水是透過安排建築物（包括住宅及葬

地）、物件的位置來達至趨利避害。根據香港風水師蔡偉雄的統計，現時仍有百分之四十的發展商會徵詢風水師意見，從而設計樓盤項目，期望項目平安吉祥。[82]

廟宇宗教、通勝曆法及風水三者的對象分別是靈界、天星運行及大自然。人們透過特定的行為及說話來希望得到神靈、天星運行及自然環境中得到幸運，即以「宜事宜話」來「趨吉」。反過來說，透過避免某些行為及說話來避免開罪神靈，或避免從天文及自然界中遭遇不幸，即「忌事忌話」來「避凶」。「語言及行為忌諱而惹來自然或神靈懲罰及不幸」反映粵語人士正正相信語言和行為與風險及「吉凶」間有密切關係。

基於同一機制，忌諱不只適用於特定宗教儀式，而是滲透於日常生活及各行業中。部分語言使用者想到該字或其近音字有「不吉利」的意思，為求「避凶」就會選擇不說，或以「委婉字」取代。行船人士避免遇上「危險」，故把與「危」音近的「桅（ngai4）杆」讀成「桅（wai4）杆」，背後的心理機制正是怕因為說了「危」音便會帶來「危險」，從而「避凶」。粵語人士不單想以「委婉字」來「避凶」，更想以之來「趨吉」。如《通書》本來是記錄星宿五行及推算運程的書籍。惟其發音與「通輸」同音，有「全都輸掉」之意，故改其名為「通勝」成為「全都獲勝」。[83]「通勝」例即說明粵語人士以「語言忌諱」來達至「趨吉（勝）避凶（輸）」。

香港流傳的另一具教育意味的俗語：「崩口人前忌食崩口碗」，原句意思是唇裂的人怕用有缺裂的碗，引申義為有忌諱的人怕有忌諱的事，提醒別人說話時不要觸犯聽者的忌諱。[84] 部分人不是基於自己害怕遭受不幸，而是估計聽者對某事有忌諱，以免引起其不悅而遵守語言忌諱。如因想到長者年事已高，很有可能對死亡有所忌諱，會避免在他們面前提及「死」及「鬼」的話題。香港醫院某些病房不設與「死」字近音的「四」號房床。原因是不想病人看到「四」而聯想到「死亡」。[85] 又如在新年時醫護界人士不喜歡「生意興隆」，因為醫院「生意興隆」代表很多人將會受傷及生病，對醫護界而言屬忌諱。[86] 再如新年時不應祝金融界人士「新年快樂」，因「樂」與「落」同音，他們忌諱股市「快落」。[87]

當「寧可信其有，不可信其無」加上「崩口人前忌食崩口碗」，忌諱機制變得複雜：在說話前，既要先考慮自身忌諱，更要顧及對方的背景從而推測出其可能的忌諱。

香港的法律主要規範「粗俗用語」或涉及「黑道術語」的語言忌諱 [88]，觸犯其他語言忌諱並不違法。但通過一代一代人的身授言傳，長輩責罰等，不少語言及行為忌諱一直保留至今。本部分第五節詳述有關粵語忌諱在香港的使用現況。因此，粵語語言忌諱的形成、發展及保存正源自粵文化對不確定事物的取態、禮儀慣性及人為規範。

52. James Cook, *The Voyage of the Resolution and Discovery 1776-1780. The Journals of Captain James Cook* (Cambridge University Press, 1967), p. 176.

53. 陳原：《語言與社會生活──社會語言學》（臺灣：臺灣商務印書館，2001 年），頁 265。

54. Keith Allan and Kate Burridge, *Forbidden Words: Taboo and the Censoring of Language* (Cambridge University Press, 2006), pp. 7-10.

55. 梁振輝：〈【粵語講呢啲】笨年‧利是逗來‧唔老黎‧大吉利是‧㷫口水講過‧㷫地〉，《文匯報》，2020 年 1 月 21 日。

56. R. W. Holder, *A Dictionary of Euphemisms* (Oxford University Press, 1995), pp. 415-470.

57. Keith Allan and Kate Burridge, *Forbidden Words: Taboo and the Censoring of Language* (Cambridge University Press, 2006), content page.

58. 邱湘雲：〈委婉語在台灣語言及台灣文學中的表現〉，《第四屆台灣文學與語言國際學術研討會論文集》（台灣：真理大學語文學院，2007 年），頁 8-9。

59. R. W. Holder, *A Dictionary of Euphemisms* (Oxford University Press, 1995), pp. 431-432.

60. 陳慧：〈基於文化語言學視角的日漢禁忌語比較──以「生‧死」禁忌語為例〉，《牡丹江教育學院學報》，第 6 期（2015 年），頁 76。

61. 張拱貴：《漢語委婉語詞典》（北京：北京語言文化大學出版社，1996 年），頁 7-11。

62. 陳慧：〈基於文化語言學視角的日漢禁忌語比較──以「生‧死」禁忌語為例〉，《牡丹江教育學院學報》，第 6 期（2015 年），頁 76。

63. Keith Allan and Kate Burridge, *Forbidden Words: Taboo and the Censoring of Language* (Cambridge University Press, 2006), p. 32.

64. 〔周〕公羊高：《公羊傳》，收錄於李學勤主編《十三經注疏》（北京：北京大學出版社，1999 年），頁 192。

65. R. W. Holder, *A Dictionary of Euphemisms* (Oxford University Press, 1995), p. 80.

66. 邱湘雲：〈委婉語在台灣語言及台灣文學中的表現〉，《第四屆台灣文學與語言國際學術研討會論文集》（台灣：真理大學語文學院，2007 年），頁 8。

67. 張丹宇、李偉：〈日本人的「四」字忌諱〉，《文教資料》第 3 期（2012 年），頁 39。

68. 梁慧敏：《正識中文》（香港：三聯書店，2010 年），頁 172。

69. 張屏生：〈台灣漢語方言中的言語忌諱——以台灣閩南話、客家話、馬祖閩東話和軍話為例〉，《東華中文學報》第 3 期（2009 年），頁 109。

70. 吳楊芝：〈湘西禁忌語研究〉，《雞西大學學報》第 1 期（2013 年），頁 139-140。

71. 陳慧：〈基於文化語言學視角的日漢禁忌語比較——以「生．死」禁忌語為例〉，《牡丹江教育學院學報》，第 6 期（2015 年），頁 20。

72. Keith Allan and Kate Burridge, *Forbidden Words: Taboo and the Censoring of Language* (Cambridge University Press, 2006), pp. 7-10.

73. Eliecer Crespo-Fernández. "Euphemistic Strategies in Politeness and Face Concerns." *Pragmalingüística* 13 (2005): 84-85.

74. 原出自「寧可信其有，不可信其無。妾亦聞外面人言籍籍，歸怨相公。」一直被今粵人沿用。《京本通俗小說》

75. 危丁明：〈香港地區傳統信仰與宗教的世俗化：從廟宇開始〉轉引，《世界宗教研究》第 1c 期（2013 年），頁 50。

76. 危丁明：〈香港地區傳統信仰與宗教的世俗化：從廟宇開始〉，《世界宗教研究》第 1c 期（2013 年），頁 50。

77. 新假期編輯部：〈拜月老求姻緣！黃大仙祠拜月老流程 禁忌與迷思大解答！〉，《新假期》，2021 年 12 月 6 日。

78. 如前文提及「通勝」原名為「通書」，因忌諱「書」（音：「輸」）而用「勝」字代替

79. 馮婥瑤：〈《通勝》解碼：這是一本「預言書」？〉，《明報周刊》，2021 年 2 月 9 日。

80. 訪問錄音，參考附錄「婚禮統籌界別訪問」

81. 郭璞：《葬書》。收錄於 Donald Sturgeon 編：《中國哲學書電子化計劃》（2016 年），最後瀏覽日期 2021 年 8 月 30 日，連結：https://ctext.org/wiki.pl?if=gb&chapter=346403

82. 馬修．基岡：〈香港：現代化都市日常生活中的迷信面面觀〉，《英國廣播公司》，2021 年 1 月 14 日。

83. 丁邦新：〈粵語中一些避諱的詞彙〉，《漢語研究的新貌：方言、語法與文獻——獻給余靄芹教授》（香港：香港中文大學，2016 年），頁 25。

84. 歐陽覺亞、周無忌、饒秉才：《廣州話俗語詞典》（香港：商務印書館，2009 年），頁 8。

85. 訪問錄音，參考附錄「護士界別訪問」

86. 訪問錄音，參考附錄「護士界別訪問」

87. 訪問錄音，參考附錄「金融界別訪問」

88. Kingsley Bolton and Christopher Hutton. "Bad and Banned Language: Triad Secret Societies, the Censorship of the Cantonese Vernacular, and Colonial Language Policy in Hong Kong." *Language in Society* (1995): 170.

# 三、粵語忌諱系統及在香港的流傳狀況

心口

污糟

青瓜

交吉

大酒店

竹昇

通勝

危

歡喜

沨子

飲勝
飲乾

舌

# 1. 粵語忌諱類別

按「語言忌諱與社會互動關係框架」，忌諱可劃分成生死、鬼神、階層、雅俗、運勢、錢財六類。下文闡述粵語人士不同類別的語言忌諱及各類別各自特色及相互間的關係。參考 Huang Hongxu and Tian Guisen 的 "Contextual framework in linguistic taboo analysis" [89]，下文所析述粵語忌諱主要適用於「宏觀語境」，即被粵語社會普遍視為忌諱，而在「特定情況」或只適用於「特定或私人團體」的忌諱則沒有在此收錄。

## 一、生死類

生與死屬人生大事，在粵文化中亦不例外。粵語對「生」及「死」均有所忌諱。對「出生」、「懷孕」的忌諱基於三大原因：一、古時人相信「性」是忌諱，故羞於把懷孕直接宣之於口。二、從前醫療未完善，生產會大量出血，亦易生事故，故屬不吉利之事。[90] 三、懷孕初期狀況不穩定，認為過早（一般是三個月）宣佈消息，會導致流產，粵語謂之「怕小器」。玄學家指出：古人相信懷孕屬重大喜事，不宜主動高談闊論，怕招來鬼神嫉妒，從而惹禍。[91] 因此，粵語有關懷孕的語言忌諱具體表現有二：一、懷孕未足三個月不公佈消息。二、粵語會以「大肚」、「大咗肚」、「馱仔」、「有身己」、「有喜」、「有餡」、「有咗」代替直接表示「妊娠」或「懷孕」。[92] 孕婦懷孕時的肚會變大，故以「大肚」、「大咗肚」指「懷孕」。而「馱

仔」中的「馱」字有「負載」的意思，二字合解即為「負載著小孩」。至於「有餡」中的「餡」原指「內層的食物材料」，以「有餡」形容女性即指其腹中有「餡」，暗指其懷孕。而香港受西方文化影響，亦慣用「有咗 BB」或「有BB」來代替直接表示「懷孕」。「BB」是外來借用詞，可能是借了 Baby（嬰兒）中的發音。故「有咗 BB」，指的是女性「有了嬰兒」即指懷孕。

在眾多「凶事」中「死亡」是最為嚴重。一般人不想生命的結束更不希望死亡的突然來臨。因此，「死亡」本身和與之相關的物品、地點、儀式等均忌諱提及，只有在不得不提及的情況下，才會以「委婉語」代替表達。而有關死亡的委婉語屬各類之冠，且一直更新發展。

粵語常見表示「死亡」的代替語：「過身」、「過世」、「歸西」、「歸天」、「一咗」、「老咗」、「走咗」、「雙腳撐直」（「兩腳一伸」）、「伸直腳」。[93] 又以「行開咗」、「唔喺度」、「去咗旅行」、「返咗天家」、「仙遊」、「返咗屋企」、「瞓咗覺」、「畢咗業」等委婉表示某人的死亡。

「老咗」是以「老」暗示老人的死亡，因年老的歸宿終離不開死亡。

「走咗」、「行開咗」、「唔喺度」及「去咗旅行」等字表面上指某人此刻「物理上」離開當處，但其實際意思是指某人已經開人世，即已經死亡。

人在死後，雙腳會伸直，粵語人士以「雙腳撐直」、「伸直腳」或「兩腳一伸」借代人的死亡。至於部分人會認為死亡不過「回家」，故以「返咗屋企」婉言「死亡」。亦以「睡覺」比喻「死亡」故以「瞓咗覺」婉言「死亡」。近年亦有人以「畢業」作為「死亡」的委婉語。[94] 以學業旅程比喻人生，而「畢業」正象徵學業旅程終結，而人生旅程的終結就是「死亡」。

「歸西」、「仙遊」、「返咗天家」等委婉字源自宗教信仰。佛教相信修佛者死後到「西方極樂世界」，後世以「歸西」作死亡的委婉語。「仙遊」為道家用語，本指訪道求仙，後用作代替「死亡」的委婉語。而基督教及天主教等宗教則相信信徒死後會到「天堂」或「天家」，故以「返咗天家」表示人的死亡。

香港的醫院亦慣用 "Certified"、「Cert 咗」等表達病人的死亡，原因是病人離世需經由醫生證明，英語是 "Certified Dead"，略去 "Dead"，再以「咗」表示過去，把 "Certified" 略成 "Cert"，簡略而成「Cert 咗」。[95]

另因為粵語人士慣以「瓜」來戲稱死亡，因此黃姓人士忌諱「黃瓜」，故「黃瓜」在粵語地區被叫成「青瓜」。[96]

至於「死亡」的委婉書面字就更為講究，部分更會因應死者的身份及死亡原因而使用不同委婉說法，絕大部分與其他漢語方言通用，下舉數例：

男士在家中自然死亡：「壽終正寢」，正寢指古時屋內正室，男主人居住的地方。壽終有自然死亡之意。[97] 老人的死亡：「百年歸老」，以「歸老」委婉表示「死亡」。[98] 女子的死亡：「香消玉殞」，「香」與「玉」喻女子，故「香消」、「玉殞」委婉地表示「女子的死亡」。[99] 巨星或名人的死亡：「巨星殞落」，以「殞落」暗指「巨星或名人的死亡」。[100]「自殺」的委婉字：「尋短見」、「尋短」。[101]

不只是「死亡」本字，連與死亡近音的字詞均有所忌諱。「四」字為顯例，「死」（sei2）、「四」（sei3）的粵語發音非常相近，只有聲調上的分別。故此粵語人士相當忌諱。更有趣的是，粵語人士對其他與「四」字組成的數字組合，也會因為近音「不吉利」特別忌諱。如：「十四（sap6 sei3）」音近於「實死（sat6 sei2）」，即必定死；「四十（sei3 sap6）」音近於「死實」（sei2 sat6），有死定了之意。[102] 此亦正解釋為何新人故意避開在「四號」、「十四號」日子結婚[103]，而公立醫院的某些病房不設「四」、「十四」等房床。[104] 又如「九四（sei3）一三（saam1）」的發音與「九死（sei2）一生（saang1）」音近，因此部分人會忌諱該組數字。駕車人士當然忌諱意外，更非常忌諱「九死一生」，故此，車牌號碼「九四一三」一直乏人問津。[105]

除了死亡本身，連帶其他與之相關的行為、物品及儀式也有極多忌諱。香港醫院慣把「屍體」雅稱成「糖」，故此「包裹屍體」的動作叫作「包糖」。醫護人士不把「運

送屍體的運輸床」直接叫成「運屍床」，而被委婉叫作「勞斯萊斯」。[106] 人們以「大酒店」代替表示「殯儀館」，因為遺體會被暫時安放在「殯儀館」數天，如同入住酒店。[107] 棺材不會直接叫棺材，而用棺材的「四塊板」或直接以「板」借代表示。

「遺照」會被行內人叫作「真」。[108] 死者的骨不叫骨，而用「金」字代替。「當把先人遺骨殖放入罎子中存放」的動作本叫作「執骨」，後以「執金」取代。[109] 習俗上，會把先人遺體埋葬在山上，過程原稱「出殯」，後以「上山」婉轉代替。[110] 而「死者穿的衣物」不會叫作「死者衣」而以「死」的反義字「壽」取代「死」，故「死者穿的衣服」叫作「壽衣」；「死者穿的鞋」叫作「壽靴」。用吉利字委婉代替例子還有以「長生店」表示「棺材店」；因忌諱「遺囑」，用「平安紙」代替之。[111] 又見以「太平間」代替「殯房」。[112]

至於靈堂是送別的場景，大眾都不會希望把「死亡」和不吉利帶回家。故此，送別儀式的用語也非常特別，背後涉及大量語言忌諱。首先，當有人到達靈堂時，主家不會主動說「歡迎光臨」，因為沒人真的「歡迎」別人到訪靈堂。取而代之的是會由「堂倌」（喪禮統籌）以「有客到」代替「歡迎」，表示有人到達靈堂。當人們離開時，主家不會說「多謝」及「再見」，因為親人離開不是值得表達謝意之事，而更不希望在靈堂「再次見面」，會以「有心」代替表達「多謝」及「再見」。[113]「有心」表達明白

來者的心意，是一種較隱晦地表達感謝前來送別親人的方式。

除了口語的忌諱外，來者贈給亡者家屬的心意金即「帛金」同樣有語言忌諱。親友送的帛金往往會加上一元硬幣，因為其含「只有一次」的意思，希望不要再送別。其次，家屬習慣把一元硬幣放在吉儀中，交給來者。如果帛金數目不以零一而是以整數作結，家屬收到的帛金尾數會是「九」。而粵語中「九」與「長久」的「久」同音，故忌諱帛金以「九」尾數作結，會額外加上一元，避免「久」。因此，語言忌諱不單反映在口語交流中，更會因為某些行為會導致語言忌諱，而反過來避免該行為，以避免觸犯語言忌諱。又如粵語人士不會把「鐘」或同具報時功能的「錶」當作禮物，原因是「鐘」與「終」同音；若「送鐘」給別人，有為人「送終」之意。

不光是民間慣用，連政府也會因為對死亡的忌諱而為地方改名。香港有一地方原名「吊頸嶺」，「吊頸」作為自盡方法，自然為人聞之色變，[114] 時任社會局救濟署署長李子農因而把此地改為「調景嶺」。[115]

人們對死亡的忌諱，而為死亡及其相關的事物發展獨有的忌諱用語，算是「死亡主題代替語」及「靈堂專用語」，然而，一旦踏出靈堂，走進日常生活，上述即使「經過美化」的「死亡主題代替語」及「靈堂專用語」，反過來成為「忌諱」。比方說，在超級市場店員不會說「有客

到」；家庭聚會後離開時，更不會說「有心」而是說「再見」、「多謝」。

甚言之，「高山仰止」本用於高度讚揚某人，但由於被長期用作輓詞，終形成忌諱。今人絕不會再以「高山仰止」來讚揚別人，因為如同「追悼」別人，非常無禮。因此，儘管某字句表面義不曾與「死」有關或帶貶義，但由於長期用作「死亡主題代替語」及「靈堂專用語」，漸漸成為忌諱。反映部分「委婉語」不能「完全破禁」，使用時更需要顧及語境及風俗意涵。

## 二、鬼神類

如前節提及，粵語人士以祈求庇佑及避免不幸的心態看待鬼神之事。一般相信「神」可以庇佑自己，香港流傳「拜得神多自有神庇佑」的俗語，故到今天仍保留大量廟宇。要得神庇佑就要先遵守忌諱，免招神靈不悅。例如拜觀音有以下語言忌諱：一、忌諱輕佻及嬉戲說話，而應真誠、認真和莊重。二、忌用「梨」作為祭品，由於「梨（lei4）」與「分離」的「離（lei4）」字同音，以「梨」為祭品也屬語言忌諱。[116]

相較「神」，有關「鬼」的語言忌諱比較多，原因是，漢文化中「鬼」較為貶義，亦會帶來不幸。《說文解字》以「陰气賊害」形容鬼：

人所歸為鬼。从人，象鬼頭。鬼陰气賊害，从厶。凡鬼之屬皆从鬼。[117]

粵語有關鬼或靈體的語言忌諱主要體驗在特定的場合及時間。粵語諺語：「夜晚唔好講鬼」。原因是當在某些時間或場合容易招來鬼魂時，該避免提及鬼和引起鬼的注意。在以下場景，粵語使用者尤忌諱「鬼」。

第一、當懷疑家中有鬼纏繞時，會避免直接說「屋企有鬼」而以「屋企有污糟嘢」或「屋企有嗰啲嘢」代替之，免得再招惹該鬼注意。在粵語中「鬼」的常用委婉字是「污糟嘢」和「嗰啲嘢」，「污糟嘢」表面意思是「不潔的東西」，「嗰啲嘢」表面意思是「那些東西」[118]。在辦完喪事後，主家會與出席者共進餐，名「解穢酒」，即「解去污穢」，反映粵文化認為「白事」、「死亡」、「鬼」等忌諱之事為之「污穢」。

第二、盂蘭節農曆七月十四日，傳統上認為是「鬼門關開」的日子，沒人供奉的遊魂野鬼便會上到陽間。此時為免引起鬼的注意，忌諱說「鬼」字。同時，害怕鬼魂會跟著自己而忌諱說出自己和別人的名字。

第三、醫院，當處理屍體前要先向先人「通知一聲」，同時非常忌諱提及自己或別人的名字，同樣因他們害怕會被先人的魂纏著。[119]

第四、出殯，殯儀業者為先人化妝或穿衣前也會「通知一聲」。[120] 而件工也忌諱在搬運遺體說「重」，業界人士相信犯了此忌諱，會使棺木更重，甚至會使抬杠斷裂。[121] 忌諱在亡者面前提及名字或埋怨棺木太重，其實同是害怕開罪鬼靈而惹禍。

## 三、階層類

　　此類忌諱由來已久，最明顯的例子是名諱，如不取君王、尊長的名字。

　　《左傳》：「周人以諱事神，名，終將諱之。」[122] 又見「名子者不以國，不以日月，不以隱疾，不以山川。」[123]

　　在日常生活中需要避免使用或提及君主或聖人的姓名。如二十四節氣中的「驚蟄」，原為「啟蟄」，後為避漢景帝劉啟中的「啟」諱，故改為「驚蟄」。[124] 又如農曆正月的「正」原音為「zing3」，但其音與秦始皇名嬴政中的「政」同音，需避諱，故此，把正月的「正」（zing3）改讀平聲（zing1），「正（zing3）月」最後被粵語人士慣讀成「征（zing1）月」。[125] 又如因避孔子的名「丘」，為姓「丘」的人改成「邱」。[126]

　　階層類忌諱亦反映於稱呼之中。中國文化忌諱直呼尊長之名，而需要按照該長輩與自己的關係而使用特定的稱呼，下舉數例：

「爺爺」：對祖父的稱呼；「嫲嫲」：對祖母的稱呼。「公公」、「婆婆」是對「外祖父」及「外祖母」的稱呼。稱謂系統頗為複雜仔細，甚至需要考慮長輩的出生次序。如當有兩位伯伯（父親的兄長），需要以「大伯」稱呼年紀大的伯伯，而以「二伯」稱呼出生排第二的伯伯。而更複雜的稱謂有「表老爺」，即為祖父的姐姐的先生。

對於部分特定職業的人士，也忌諱直呼其名，需要加上合宜的頭銜以示尊重。[127]如教育相關的尊稱有「校長」、「老師」、「先生」、「博士」、「教授」。而專業相關的尊稱有「律師」、「醫生」、「機師／長」、「導演」等。

從前對於女士的稱呼亦相當講究，用「姑娘」與「小姐」來稱呼女士時要相當小心。「小姐」是對出身富裕女士的稱呼，而「姑娘」是對出身普通的女士的稱呼。隨社會觀念的變遷，現代人對階層類的忌諱不如以往般普及，但仍有傳統行業會保留有關稱呼的傳統。[128]

## 四、雅俗類

粵語人士遵守雅俗忌諱，一是出於對自然敬畏，怕不雅之事會招來不幸，故部分雅俗類的忌諱與鬼神類重疊。如廟宇及船家禁止女性在生理期時來訪，因其相信「經血」是不潔且會招來惡運。二是出於交際禮儀，因在日常交談中直接說出被視為「不雅」及「低俗」的主題及字詞是極為無禮。因此，時至今天，政府及其他機構對雅俗類

忌諱的規管仍為嚴謹。法律禁止市民在公共交通工具說「粗口」。[129] 香港對於影視、廣播及不雅物品（包括文字及語言）的發佈有完整的審查機制。如淫褻物品審裁處負責審查出版物，且為其評級：

> 淫褻物品審裁處有權評定物品類別，為社會詮釋淫褻及不雅的含義。包括任何暴力、腐化或引起厭惡情緒的物品均被視為不雅。

> 如屬第 II 類物品，審裁處可附加條件，規限發布範圍。如果被評定為第 III 類物品，一律不得發布。[130]

由此可見，今人遵守雅俗類忌諱，未必出於「迷信」，更是出於「人為規範」。雅俗類忌諱包括以下主題：「性器官」、「性」、「排出物」、「廁所」、「侮辱用語」。

「男女通用性器官」的委婉代替語有「下體」、「下面」、「嗰度」（口語的「那個地方」或「那話兒」）、「私處」。而「男性性器官」的委婉語有「陽具」、「細佬」（本是「弟弟」的口語；亦用於暗喻「男性生殖器」）、「丁」（借字形來委婉代替）。另有口語委婉語代替字「雀仔」、「咕咕」、「朘」、「朘朘」、「朘朘仔」。雖為現代口語，卻承繼了古人的傳統。林倫倫指出，中國今人承繼古人以「鳥」諱稱「男性生殖器」的傳統，早見於《西遊記》：「我怕甚鍘剁下我的鳥來。」[131]。粵語中的「雀仔」正是「鳥」的口語，「咕咕」則是粵語中鳥的擬聲字，二者也成了「男

性生殖器」的委婉代替字。至於「朘」字的用法則更為「古雅」。漢代《說文解字》云：

朘：赤子陰也。[132]

赤子指小男孩；陰即指其生生殖器，合解即為「未成年男子的生殖器」。

女性生殖器的委婉詞則較男性少，主要是「陰部」、「下身」、「妹妹」來委婉代替。

雖然粵語人士對「性器官」有諸多語言忌諱，但同時粵語地區人士又會以動物的性器官或其液體烹製食物，由於要進食該些食物，故更需要為其想出「雅名」。因此衍生多種「動物性器官」的委婉詞。如以「虎鞭」作「老虎陽具」委婉詞。以「牛波子」作為「牛睪丸」的委婉詞。[133]「鞭」與「波子」均為借該物形狀的委婉詞。又以「雞子」作為「雞睪丸」的委婉詞。[134] 又以「魚籽」、「魚春」作為「魚卵子」的諱稱。[135] 至於「牛歡喜」則是「牛陰唇」的委婉詞。[136] 此外，人們亦會以「膏」作為動物性器官及動物液體的「雅稱」。如「蟹膏」中的「膏」就是「公蟹的精囊、精液混合而成的膏狀物。」[137]

性行為及其相關字詞同屬忌諱，在公眾場合都不會主動及直接說出。性行為的代替語有：「上床」（因此事一般在床上發生）、「發生關係」、「男女關係」、「行房」、「房事」、「瞓覺」（「睡覺」的口語）。

而多被用於書面語中的代替詞有「共赴巫山」、「翻雲覆雨」、「交歡」、「合歡」、「交好」及「魚水之歡」。前二者出自先戰國時期的《高唐賦》：

> 「妾，巫山之女也。為高唐之客。聞君遊高唐，願薦枕席。」王因幸之。去而辭曰：「妾在巫山之陽，高丘之阻，旦為朝雲，暮為行雨。朝朝暮暮，陽臺之下。」[138]

相傳楚懷王到高唐，夢到巫山神女，她願意與他交好，交好後神女離開時稱「在巫山之陽，高丘之阻，旦為朝雲，暮為行雨，朝朝暮暮，陽臺之下。」自此，「共赴巫山」、「翻雲覆雨」便成為了「男女間性行為」的委婉詞。另一個常見的委婉詞為「周公之禮」。孔子把婚禮分成「納采、問名、納吉、納徵、請期、親迎」六禮，[139] 後人以「行周公之禮」暗指「夫妻行房」。而「敦倫」本身泛指「盡自己位份的責任」[140]，而「敦夫妻之倫」則是指「盡夫妻位份的責任」。因此，後人以「敦夫妻之倫」或直接以「敦倫」委婉代替「夫妻行房」。

除了性行為，「妓女」、「娼妓」又以「性工作者」委言之。[141] 及後又有人以「小姐」諱稱「舞小姐」及「妓女」。[142] 從前有人以「神女」委婉代替「妓女」，同是出自上段提及的「巫山神女」的典故。[143]「街上招攬生意的妓女」又會被叫作「流鶯」。[144]「流鶯」一字出於「遠道空歸去，流鶯獨自聞」[145]，本指到處鳴叫的鶯鳥，後借此

形象作為「街上招攬生意的妓女」的委婉稱呼。「召妓」二字同難以直接宣之於口，人們又想到以「搵小姐」（找小姐）、「尋歡」替代[146]。

另外，與性行為相關「保險套」也有忌諱，香港慣以「袋」（因其形狀相似）、「套」（略去前二字）、「膠套」（以其物料命名）。

至於另一不雅物為「排出物」。常見「排出物」及其相關忌諱有「大小二便」、「血」、「月經」。粵語與其他漢語方言對「大小二便」的委婉大致相約，多以「方便」、「大便」、「小便」、「去洗手間」來婉轉表達。比較文雅亦可用「解手」、「出恭」表示「大便」。又有以「矢」作為「屎」的委婉詞。此出自《史記》〈廉頗藺相如列傳〉：

廉將軍雖老，尚善飯，然與臣坐，頃之三遺矢矣。[147]

在粵語地區，「混凝土」又名「石屎」，但因忌諱直稱「屎」，多以「矢」委言之。後圖攝於 2021 年 5 月，地點為香港的一個建築工地，以「石矢」作為「石屎」委婉語：

攝於 2021 年 5 月，建築工地，香港旺角。

　　從前香港有一職業名「倒夜香」，負責倒馬桶，因忌該物「臭」，故此，用其反義字「香」婉言之。[148] 另外，比較具「香港特色」的委婉語有以「交水費」或「放水」，暗指小便，[149] 又以「殊殊」代表「小孩子小便」，部分家長慣在小孩小便時發出「殊殊」之聲，因而得名。同理，部分家長慣在小孩大便時發出「唔唔」之聲，故「唔唔」是「小孩子大便」的代替語。

　　至於「廁所」一般都被認為是不衛生及不雅之地，忌諱提及，近年多以「洗手間」、「化妝室」來委婉表達。[150]

　　粵語人士忌諱「血」，認為其「不潔」及「不吉利」，慣以「紅」（血的顏色）代「血」，如以「見紅」表示孕

婦下身流血。以「豬血」代表「豬血」；「鴨紅」代表「鴨血」。[151] 另有以「掛彩」表示受傷流血。而女性月經的委婉語有「月事」、「例假」，二者取該事的週期性的特點。至於「姨媽到」、「有親戚到」同為委婉詞，原因是中國古時，部分家庭的女性遇到產子及月經等生理需要時，會請「姥姥」幫忙照顧，她又被稱為「姨媽」。[152] 而香港深受英語影響，部分人會以「嚟 M」、「M 到」諱言「月經」，「M」即為英文月經 "Menstruation" 縮寫。[153] 因此，「衛生巾」又會被稱作「M 巾」及「姨媽巾」。

侮辱用語亦屬雅俗類忌諱，在社會語言學的分類中，侮辱用語為「詈罵語」，用以發洩情緒、侮辱及咒罵他人，正與「委婉語」減低傷害的用意相反。而當中又以「粗口」最為粗俗。「粗口」是男女性器官及交合動作而組成的侮辱用語，使用時會受到法律限制。[154] 「粗口」的「基本字」如下：「門小」指男女交合動作；「門九」、「門七」、「門能」三者均為男性性器官；「門西」指女性性器官。而透過五字的混用會產生更為粗魯及侮辱效果。雖說「詈罵語」是用於「罵人」，但同時發展出「詈罵委婉語」。詈罵委婉語主要採用以下方法：

一、略字法：即略去上述五字，在一般慣用的位置上「留白」，使讀者及聽者「心領神會」如：「我 __ 你」、「我 __ 你老味」、「行 __ 開」。又見俗語「捉蟲入屎窟」，意思是指自找麻煩。[155] 但由於「屎窟」（即屁眼）過於粗俗，部分人只會用略去「入屎窟」，而只說成「捉蟲」。

156

二、諧音法：即取該字的「諧音」，常見的是以數字代替，如：「七」與「門七」諧音；「九」與「門九」諧音，故「1679」有「一碌門七門九」之意。又有以「那」、「很」代替「門能」。以近音「超、挑、妖、刁、小」作為「門小」的委婉語。[157] 又有以「打救」作為「打門九」的委婉語。[158]「燒你數簿」作為「門小你老母」的委婉語。[159]「粉腸」作為「門能樣」的委婉語。[160]「膠」作為「門九」的委婉語。[161]

三、拼音代字法：以該字拼音開首字母代替之，如「Q」代替「門九」；以「L」代替「門能」；「D」代替「門小」。又以「PK」（「仆街」的拼音開首字母）代替「詈罵語」「仆街」。[162]

四、字母符號代字法：以不同符號或代號代替忌諱字，David C. S. Li 的研究說明了，英文字母「X」及字母串「XYZ」是經常被香港媒體作為「粗口」的委婉代稱。[163] 常見於報章的粗口代替字有「X」。[164] 又以「嘟」字代替「粗口」，因為不少香港電視新聞會以「嘟」聲為「粗口」消音，久而久之，「嘟」也成為了慣用的粗口代替詞。[165] 此外，在不少電影、書籍、漫畫中會以符號亂碼來表示「粗口」。

五、意會法：此法非取「諧音或拼音」作為委婉，而是以「與詈罵本字意思相關的字」作為委婉。如部分人以

「冚家富貴」作為詈罵語「冚家鏟」的委婉語。[166]「問候你老母」作為「門小你老母」的委婉語。[167]

香港熱門網上討論區——高登討論區更借助此法，發展出「粗口過濾系統」。當會員在討論區以「粗口」留言時，系統便會過濾成與之相對應的委婉詞。如「門小你老母」會被過濾成 "Hi Auntie"（「你好，伯母」）、「戇門九」會被過濾成「傻豬」等。[168] 讀者可透過該字來「意會」其本字，以達至委婉效果。

六、拆字法：即把忌諱字的部件分拆，如「門西」、「門七」，即本文採用的方法。

「粗口」的委語的用法與其他類別有所不同。一般而言，人們本身是不想提及忌諱主題，只有在「避無可避」情況下使用委婉語委言之。如 Eliecer Crespo-Fernández 所言：「委婉語的主要功能在於減低及避免交流中潛在衝突，有利交流及維持人際關係。」[169] 然而，由於「粗口」本身功能是用作侮辱，這與委婉語「借助禮貌原則來避免衝突及維持人際關係」的語言學功能完全相反。而即使使用「粗口委婉語」，說者出發點也未必在於「避無可避」，反在於「不想避而不得不避」的情況下使用。以下有四種用「粗口委婉語」的可能情況，只有在情況一，「粗口委婉語」才發揮「委婉語」的「禮貌功能」：

情況一：當人憤怒時用上「粗口」，但顧及聽者感受及聽者「面子」而選擇「次一級」的「粗口委婉語」。

情況二：當人憤怒時用上「粗口」，但為顧及場合、身份及法律規限而選擇以「委婉語」代替。

情況三：基於法律要求，開放予十八歲以下人士的影視作品、書籍、新聞及報章不得記錄「粗口」的本字及聲音。因此，書籍及影視出版物只可以「代替字」委婉表達。

情況四：因為認為有趣，故以「粗口代替語」作玩笑，並非真的「委婉」。香港電影《唐伯虎點秋香》中的對白中便連用四組「粗口及詈語的代替語」作對聯，旨在引人發笑。

> 「冚家鏟泥齊種樹，汝家池塘多鮫魚。魚肥果熟嘛捻飯，你老母今親下廚。」[170]

「冚家鏟泥」表面意思是全家來鏟泥，但隱藏詈語「冚家剷」（咒罵人全家死光）。

「多鮫魚」表面意思是「有很多馬鮫魚」，但隱藏「粗口」「多門九餘」的諧音（指別人的說話及行為多餘）。

「嘛捻飯」表面意思是「嘛嘛在煮飯」但隱藏「粗口」「麻門能煩」的諧音（罵人非常麻煩）。

「你老母兮親下廚」表面意思是「你家母親在親自下廚」但隱藏「粗口」「你老母門西」的諧音。

「粗口委婉語」已經經過婉轉修飾，理論上降低了該些字詞的「傷害性」。然而，解讀時更需審視說者本身的意圖及場合，究竟是為了降低字詞「傷害性」而說「粗口委婉語」，或是本身旨在「說粗口」，只是礙於場合、身份及法律而逼於無奈地說「粗口委婉語」。又或故意說「粗口諧音」而惹人發笑。如是因為後二者而說「粗口委婉語」，那非但沒有降低字詞傷害性，反而有可能使聽者更為反感。基於說「粗口委婉語」的可能原因眾多，部分人對「粗口」乃至其「諧音」比較敏感。早於 1992 年，便有市民投訴地鐵的環保廣告海報，海報以：「你冇籃咩」呼籲市民自備購物籃。而因為有市民認為「籃」（laam4）與「門能」（nan2）近音，該句有罵人「你冇門能咩」之嫌，故遭投訴。[171]

除了「粗口」外，如果某些字眼與侮辱人的說話近音，也有可能會被忌諱，如「豬腎」的「腎」（san6）與罵人神經病的「神」（san4）近音，[172] 而以「豬腰」雅言之。

## 五、運勢類

運勢類忌諱的特性為涉及將來的趨勢，人們多語言的忌諱來避免「不幸」降臨，「運勢」可再細分為「吉凶」、「安危」、「分合」、「趨勢」子項。

「吉凶」

既然要「趨吉避凶」，自然忌諱「凶」的字及音，說文解字云：

惡也。象地穿交陷其中也。凡凶之屬皆从凶。[173]

「凶」字屬象形字，如地下陷而人困其中，表示凶惡及不幸之事。而粵音中「凶」又與「空」（hung1）同音，故慣以反義的「吉」代替「空」字。而地產業界及物業投資者尤怕「凶」字。因為「凶宅」、「凶屋」指曾發生非自然死亡事故，如自殺及凶殺案的單位。[174] 而「凶宅」的價格可以比其他單位低出三至五成。因此，不論是業主本身「迷信」或是怕買家把「空屋」聯想成「凶宅」，在進行地產買賣時，凡「空」（「凶」音）字均以反義的「吉」字代。「空置單位」、「空置物業」稱作「吉屋」、「吉宅」而諱稱「空宅」。「空置舖位」稱作「吉舖」而諱稱「空舖」，「單位或舖位交易時已無人居住或營運」，稱作「交吉」而諱稱「交空」。由此類推，港人的口語中較少提及「空」字及音，取而代之的「吉」字，如「吉車」（沒人的空車）、「吉咗」（丟空）、「吉樽」（空的水樽）等。

除此之外，麥耘考據了「胸」、「兇」兩個與「凶」同音的字。指出粵語人士會因為忌諱「凶」音而在口語中以「心」代替「胸」字，如「心口」表示「胸口」。而形容「兇惡的人」時，忌諱「兇」字而以用同義的「惡」字，如「咁好惡」而少說「咁好兇」。[175]

## 「安危、分合」

　　「安危、分合」的語言忌諱較常見於漁業，因大海風浪難測，亦難以單憑人力克服，自然會更傾向遵守忌諱，免遭不測。

　　船業人士忌諱「危（ngai4）險」，便把船上中央「桅杆」與「危」同音的「桅」（ngai4）字改讀成「圍」（wai4）音。對船上人而言，「翻船」是最大忌諱，「翻船」不單影響生計，更威脅船員性命。因為忌諱「翻（faan1）船」，便把「船帆」中與「翻」近音的「帆」（faan4）字改成「䑩」字（lei6）。部分水上人更會因為忌諱「翻」字而在吃魚時不把魚翻轉。[176] 水上人又忌諱「散（saan3）離」，便把與「散」同音的「傘」字，改成以「傘」的遮擋功能——「遮」來代替「傘」字。又忌諱「分離（lei4）」，便忌諱「梨」（lei4），忌諱說「梨」更忌諱用刀把「梨」切分，因「分梨」音同於「分離」。

## 「趨勢」

　　「趨勢」則指人或事物的發展的傾向。粵語人士喜歡「上升」，忌諱「下降」；喜歡「旺盛」，忌諱「淡靜」；喜歡「甘甜」而忌諱「苦澀」；忌諱「鞋」。

　　「上升」多用於形容事物向正面方向發展，有進步之意，如新年祝賀別人「步步高陞」；祝賀做生意的人業務「蒸蒸日上」；祝賀官員「節節高升」、「升官發財」等。

反之,「下降」則多帶有「頹敗」及「不幸」色彩,如:「每下愈況」;生意業績「下降」;官員「降職」。因此,不論是日常生活或是對經商、官員、金融界人士而言,相當忌諱「下降」。粵語「竹杠」中的「杠」(gong3)與「下降」的「降」(gong3)同音,因忌諱「降」,而用了反義的「昇」代替。因此,把「竹杠(降)」改成「竹昇」。[177]而用大「竹杠」壓製成的麵,會叫作「竹昇麵」,而不叫作「竹杠麵」。

此外,「快樂」本身形容正面情緒的形容詞,但對金融界人士而言,特別忌諱,因為「樂」(lok6)與「落下」的「落」(lok6)同音,因為怕股市「快快落下」。因此,在農曆新年時忌諱說和聽到「新年快樂」多以「新年進步」代替。[178]

大部分人,特別是生意人怕「淡」,因其有「淡薄」、「淡靜」之意,因此,部分人把原名為「淡菜」的海產乾貨叫成「旺菜」,忌諱「淡」而用反義字「旺」婉言之。[179]此別名,「旺菜」之名更被《香港中小企常用食物規格資料庫》收錄。[180]

「苦」亦為部分人所忌諱。「苦」不單可用於形容味道,亦可用於形容不好的際遇及命運,諸如「痛苦」、「困苦」和「艱苦」。因此,部分港人會把「苦瓜」叫成「涼瓜」。而「涼」是取苦瓜的寒涼的屬性。[181]

「鞋」亦是為人們所忌諱的「聲音」,因為在粵語中「鞋」(haai4)的音與嘆氣聲「haai4」同音。人只有在遭

遇不如意時,才會唉聲嘆氣,所以粵語人士忌諱送「鞋」,不想把逆境送給別人,使人唉聲度日。通泰行負責人,李豐年先生更指出從前香港的鞋店必定在農曆新年初七後方會啟市,可能與此忌諱有關。[182]

## 六、錢財類

粵語中的錢財語言忌諱能深入反映其風俗文化。大部分與錢財相關的用字都有其忌諱,簡單而言,粵語文化忌諱貧窮而希望富有。

做生意的自然想「賺」而不希望「蝕」;希望多點「收入」,少點「支出」;想「贏」而不想「輸」。生意人非常忌諱「舌」,因「舌」(sit6)與「蝕」(sit6)同音,多以「利潤」的「利」字代替之,及後加上肉部,成「脷」字。故此,「豬舌」被改成「豬脷」;「牛舌」被改成「牛脷」。林倫倫認為從前操粵語的生意忌諱「食」(sik6)字,因其與「蝕」(sit6)近音,慣以「喫」(jaak3)字代替,故慣說「喫飯」。[183] 此外,從前廣州商行忌諱「支出」的「支」(zi1),故把與之近音的「長衣」(ji1)改成「長進」。[184] 商店同樣忌諱直說「關門」,因「關門」亦可用於形容店舖倒閉。故以「打烊」美言之,「打烊」原用以形容「碎銀熔鑄成大銀子」。[185]

至於生意人、賭客乃至金融業人士自當想「贏錢」而非「輸錢」,所以,忌諱與「輸」同音「書」字(syu1)。

更加無人希望「通通（全部）都輸」，故此粵語人士把「通書」改成「通勝」。[186] 只改一字即可「反輸（敗）為勝」。另一例是從前在廣州的中秋節時，商人會售賣「木魚書」[187]，被稱為「月光贏」而非「月光書」。[188] 此外，「絲瓜」被稱作「勝瓜」，原因是「絲」（si1）與「輸」（syu1）近音，故以反義字：「勝」美言之。[189]

　　除忌諱「蝕」、「支」、「輸」外，亦忌諱「乾」、「倒米」、「粥」、「百冇」。首先，「水」在粵語文化中代表「財」，是因為廣州及香港以海路經商。[190] 粵語人士喜歡「有水」而非「無水」（「乾」）。故此，與「乾」（gon1）同音的「肝」（gon1）需要忌諱，部分人習慣以與「乾」相反的「潤」字代替，其有「肥潤」、「濕潤」之意，及後再有人把「水」改成「肉」部，成「膶」字。因此，「肝」字會被「膶」字代替，如「鵝膶」、「豬膶」。基於同一原則，「豆腐乾」會被叫作「豆腐膶」[191]；「蘿蔔乾」會被叫作「蘿蔔膶」。[192]

　　有時，「乾」字亦會被「勝」字取代，在飲酒時較少說「乾杯」或「飲乾」（把杯飲乾即指把杯中所有酒飲下），而用「飲勝」代替之。[193]

　　「米」為南方人的主要食糧，因此，「米」在粵語中是「錢的代名詞」。「米路」指「財路」；「米飯班主」又指「老闆」和「提供衣食之人」[194]。「有米」可用作形容人的「富有」；反之，「無米」即有「貧窮」之意；「乞

米」則指人「乞錢」；「得米」即指某事水到渠成，能達到預期成果。

反之，粵語人士不喜歡「無米」，如金融業人士忌諱提及和吃「粥」，而愛提及和吃「飯」。[195] 一方面「粥」作為被稀釋的米飯，本身有「無米」之意。另一方面「無米粥」也有做事不實際，成效未如理想之意。[196] 因此，金融人士為之忌諱。粵語文化又忌諱「倒米」，因其有浪費錢財及敗壞事情之意，故此，家庭式經營的米糧店亦忌諱把米缸「倒轉」，就是忌諱「倒米」。[197]

證明擁有物質的多寡是財富最直觀的證明，因此人人希望「有」而非「冇」（沒有）。粵語中「伯母」是對朋輩母親的稱呼或對「爸爸哥哥的太太」的稱呼。由於粵語中「伯母」（baak3 mou5）與「百冇」（baak3 mou5）同音，而「百冇」又有「百樣都無」即「甚麼也沒有」之意。[198] 因此，粵語人士忌諱說「伯母」而以「伯有」代替「伯母」作為「對朋輩母親的稱呼」。而慣以「伯娘」而非「伯母」作為「爸爸哥哥的太太的稱呼」。

## 小結

粵語的語言忌諱中，「生死類」及「雅俗類」數量最多，其次為「運勢類」及「錢財類」。至於「鬼神類」及「階層類」的忌諱最少。筆者亦發現有不少忌諱語及委婉語與食物有關，如：「豬脷」、「牛脷」、「竹昇麵」、「旺菜」、

「糖」、「有餡」等。

粵語文化把「忌諱」視為「污穢」,如把「白事」、「鬼」、「亡靈」、「月經」、「性」、「大小便」等視為「污穢」。此處的「污穢」不是出於衛生科學上的定義,更是文化視覺下的產物。把不願、不宜、不應直接提及的忌諱主題及字句之為「污穢」。

部分語言忌諱,特別是「雅俗類忌諱」涉及「詈罵語」,而「詈罵語」的功能與「忌諱語」相反。但基於種種因素,人在「詈罵」的同時又有可能會用上被「委婉」的「詈罵語」。有關「詈罵」與「委婉」的關係將於論文第五部分第二節:「鬼」與「死」的故意不忌諱中詳述。

由於委婉語涉及文化慣性,易與其他日常用語產生混淆。如「小姐」,在一般情況下是對單身女性的稱呼,但在從前香港只能用作對「大家閨秀」的稱呼。然而,「小姐」同時可作為「舞小姐」及「妓女」的委婉詞。又如「瞓覺」一字既可以指人的休息,亦可以用作「死亡」及「男女交歡」的委婉詞。又如「壽」字本身指「年歲」、「長壽」。由「壽」字組成的四字成語更常帶祝福意思,如「福壽雙全」和「壽比南山」。然而,「壽」字亦經常被當作反義字「死」的委婉詞,如「壽衣」即指「死者在喪禮穿的衣服」、「壽靴」即指「死者在喪禮穿的鞋」,反映以「反義字」代替「忌諱字」是其中一種委婉方式。

## 2. 粵語忌諱方式

說明粵語忌諱的類別後，本節將綜合分析上例，梳理出粵語忌諱的方式。丁邦新把粵語忌諱方式分為以下七類：

1. 同音字有不好的意思，用一個反面意義好的字來代替。
2. 同音字有不好的意思，用一個說明本字功用的字來代替。
3. 同音字有不好的意思，改變本字的讀音。
4. 同音的字有不好的意思，用一個意義好的字來代替。
5. 音近的字有不好的意思，用一個意義好的字來代替。
6. 本字有不好的意思，用一個跟本字意義相關的字來代替。
7. 本字有不好的意思，用一個意義好的字來代替。[199]

筆者認為以上七類忌諱方式未能全面交代粵語忌諱的原因及方式。包括未有交代因語言忌諱而改變行為的忌諱，如因為忌諱「送終」，而不會在生活中「送鐘」給人。亦未有交代以「新造字」作為「委婉詞」，如「腡」、「腍」等。同時用反義字代替忌諱字的類別亦未被錄入，如用「旺」代替「淡」。

筆者將之完善，並分成兩部分，第一部分為忌諱原因，第二部分為忌諱方法。如：本字需要忌諱（原因），

以反義字代替（忌諱的方式）。下文先闡述粵語忌諱方式，及後再附以例子說明，最後以歸納成總表。

通過整合及補充丁邦新的分類，粵語忌諱方式可分為以下十六類：

1. 本字需忌諱，以反義字代替
2. 本字需忌諱，以褒義字代替
3. 本字需忌諱，以近義字代替
4. 本字需忌諱，以本字相關字代替
5. 本字需忌諱，以新造字代替
6. 本字需忌諱，所以避免與該忌諱字相關的行為
7. 同音字需忌諱，以反義字代替
8. 同音字需忌諱，以近義字代替
9. 同音字需忌諱，以新造字代替
10.同音字需忌諱，改變字原本的讀音
11.同音字需忌諱，所以避免與該忌諱字相關的行為
12.近音字需忌諱，以反義字代替
13.近音字需忌諱，以褒義字代替
14.近音字需忌諱，以近義字代替
15.近音字需忌諱，以本字相關字代替
16.近音字需忌諱，所以避免某些行為

### 1. 本字需忌諱，以反義字代替

本字「淡菜」中的「淡」有「淡薄」、「淡靜」之意，以「淡」的反義字「旺」代替之，成「旺菜」。[200]

### 2. 本字需忌諱，以褒義字代替

直言「包屍」本字甚不吉利，故以「糖」字婉言「屍」字，故「包糖」即指「包屍」。[201] 又如為土葬的先人「執骨」，會以美化的「執金」代替之。[202]

### 3. 本字需忌諱，以近義字代替

粵語人士不想生活「苦澀」，故忌諱「苦瓜」，以其性味「涼」取代之，叫「涼瓜」。[203]

### 4. 本字需忌諱，以本字相關字代替

「瓜」字在粵語中有「死」的意思，故黃姓人士忌諱「黃瓜」，改以瓜的外層顏色「青」命名，謂之「青瓜」。[204]

### 5. 本字需忌諱，以新造字代替

儒學先聖孔子名「丘」，以示尊重，需要忌諱其名，故「丘」姓需要加上「邑部」，改成「邱」字。[205]

## 6. 本字需忌諱，所以避免與該忌諱字相關的行為

廣東人以米為主要糧食，故「米」即為財，「倒米」有浪費衣食、敗壞事情之意。不少家庭式米舖忌諱把米缸「倒轉」，是忌諱「倒米」這個語言忌諱。[206]

## 7. 同音字需忌諱，以反義字代替

「伯母」音等同「百冇」（甚麼都沒有），因此需要忌諱。故把「母」（音：無）字改成反義字：「有」，「伯母」成了「伯有」（甚麼都有）。又如「通書」音同「通輸」，有「全都輸了」之意，以「輸」的反義字「勝」代替「輸」，又變成了「全都取勝」。[207]

## 8. 同音字需忌諱，以近義字代替

「傘」字與離散的「散」字同音，屬忌諱。故此，借「傘」的功能：「遮擋」中的「遮」字代替。[208]

## 9. 同音字需忌諱，以新造字代替

「肝」字的讀音同於「乾」，有「窮」之意，故先取「乾」的反義字「潤」，及後把「水部」改成「肉部」，成「膶」。又如「舌」音同於「蝕本」的「蝕」，需忌諱。有人把「蝕」先改成反義的「利」，再加上「肉部」成「脷」。[209]

## 10. 同音字需忌諱，改變字原本的讀音

船上常見「桅杆」中的「桅」字不讀「ngai4」，音同「危」，而把鼻音韻母（ng）改成半元音韻母（w）而讀成「wai4」，原因是行船者忌諱「危險」。又如正月的「正」原音為「zing3」，但其音與秦始皇名嬴政中的「政」同音，需避諱，終把正月的「正」（zing3）改讀平聲（zing1）。210

## 11. 同音字需忌諱，所以避免與該忌諱字相關的行為

因「送鐘」與「送終」完全同音，沒人希望「被別人送終」或「為別人送鐘」，因此粵語人士忌諱把「鐘」送作別人作禮物。另外，亦沒有人喜歡「唉聲嘆氣」，終日嘆氣（haai4），因此，粵語人士忌諱把與「haai4」同音的「鞋」送作別人作禮物，從前的「鞋店」更不會在農曆新年營業。211

## 12. 近音字需忌諱，以反義字代替

絲瓜中的「絲」（si1）音與「輸」（syu1）音近，用「輸」的反義字「勝」字代之，「絲瓜」改成「勝瓜」。212

## 13. 近音字需忌諱，以褒義字代替

船業人士忌諱「翻」（faan1）船，因此忌諱與之近音的「帆」（faan4）字，故此以「艃」字代「帆」。「艃」

（lei5）更與「順利」的「利」（lei6）近音，故此類屬「近
音字需忌諱，以褒義字代替」。[213]

## 14. 近音字需忌諱，以近義字代替

「食飯」中的「食」（sik6）字與「蝕」（sit6）近音，
經商者甚為忌諱。故此，部分粵語人士不讀「食」，而是
以近義的「喫」（jaak3）字代替。[214]

## 15. 近音字需忌諱，以本字相關字代替

「豬腎」中的「腎」（san6）與「神」（san4）近音，
而粵語人士慣以「神（san4）神地」來罵人「不正常」。
[215]因此，把取豬腎的位置：「腰」來代替表示，故把「豬腎」
改成「豬腰」。

## 16. 近音字需忌諱，所以避免某些行為

「四」（sei3）與「死」（sei2）近音，因此，生活上
避免使用或選擇有「四」字的號碼。[216]如部分地產發展商
會避開不編有「四」字的樓層；部分醫院不設有「四」字
的病床；[217]婚宴上亦避開不編有「四」字的桌號。[218]

粵語忌諱的方式列表（舉例）：

| 忌諱原因 / 忌諱方式 | 本字需忌諱 | 同音字需忌諱 | 近音字需忌諱 |
|---|---|---|---|
| 反義字代替 | 本字：淡菜<br>委婉字：旺菜 | 本字：伯母（音同：百冇）<br>委婉字：伯有（音同：百有） | 本字：絲瓜（「絲」音近「輸」）<br>委婉字：勝瓜 |
| 褒義字代替 | 本字：包屍<br>委婉字：包糖 | / | 本字：帆(音近「翻」)<br>委婉字：鯉（音近「利」） |
| 近義字代替 | 本字：苦瓜<br>委婉字：涼瓜 | / | 本字：食(音近「蝕」)<br>委婉字：喫 |
| 本字相關字代替 | 本字：黃瓜<br>委婉字：青瓜 | 本字：傘(音同「散」)<br>委婉字：遮 | 本字：豬腎（音近「神」）<br>委婉字：豬腰 |
| 新造字代替 | 本字：丘<br>新造字：邱（忌諱孔丘，加「邑部」，成「邱」） | 本字：豬舌（音同「蝕」）<br>新造字：豬脷（音同「利」）<br>先改成「利」，再加上「肉部」成「脷」 | / |
| 改變字原本的讀音 | / | 本音：桅(ngai4)杆<br>改音：桅(wai4)杆 | / |
| 行為上忌諱 | 忌諱：倒米 | 忌諱：送鐘（音同「送終」）<br>忌諱：送鞋（音同「嘆氣」（haai4）） | 忌諱:四、十四之物，如病床、樓層、桌號（「四」音近「死」；「十四」音近「實死」） |

從上表可見，「反義字代替」、「本字相關字代替」及「行為上忌諱」三類為最常見的忌諱方式。

可以「形、音、義」概念來劃分忌諱的方式。「反義字代替」、「褒義字代替」、「近義字代替」及「本字相關字代替」四者改本字的「義」來達至委婉效果。「新造字代替」則改本字的字「形」來達至委婉效果。至於「改變字原本的讀音」則是改本字的「音」來達至委婉效果。「行為上忌諱」則是從避免做一些與忌諱字相關的行為來避免觸犯語言忌諱。

## 3. 粵語忌諱在香港的流傳狀況

為研究香港粵語使用者對粵語忌諱的認知、使用及流傳的狀況，本研究於 2021 年 4 月 11 日至 4 月 26 日進行了一項網上問卷調查，共收回 102 份有效問卷。受訪對象為 18 歲以上的香港粵語使用者。受訪者的年齡分佈如下：18-30 歲（45%）；31-40 歲（19%）；41-50 歲（19%）；51 歲或以上（17%）。

問卷調查內容分成四部分，第一部分收集個人資料，包括年齡及職業。第二部分列舉不同類別語言忌諱，調查受訪者對各類別忌諱的認知及使用頻密程度。第三部分調查受訪者遵守語言忌諱的原因及請受訪者列出自己行業的忌諱。第四部分問及受訪者會否把語言忌諱傳承至下一代。

整體而言，香港粵語人士認識並遵守語言忌諱，近83%的受訪者認識本文劃分的六類語言忌諱（生死、鬼神、階層、雅俗、運勢、錢財）。並有86%的受訪者表示遵守語言忌諱，反映粵語的忌諱現象在香港中仍屬主流。從語言忌諱的類別而言，最多人遵守的語言忌諱類別是生死類（92%），其後依次為運勢類（91%）、鬼神類（90%）、雅俗類（88%）、錢財類（78%）及階層類（70%）。有關遵守語言忌諱的場合，最多受訪者表示會在靈堂遵守語言忌諱（85%表示總是及經常在此場合遵守語言忌諱），其後依次為醫院、在長輩面前、喜慶、工作時、在朋輩面前。

調查發現，現今港人遵守語言忌諱的原因不傾向於避免不幸或招致神靈不悅，而是更傾向於禮貌及慣性。最多受訪者同意或很同意遵守語言忌諱是「因為禮貌，不想引起別人的不快」（84%）。亦有部分受訪者表示自己「只是慣性使用該些字詞」（64%）。一半受訪者表示遵守語言忌諱是「因為行業慣性」（50%）。然而，只有36%受訪者同意或很同意遵守語言忌諱是「因為認為犯了忌諱會招來神靈不悅」。另只有33%受訪者同意或很同意遵守語言忌諱是「因為認為犯了忌諱會招來不幸」。反映大部分人遵守語言忌諱是基於實際的交際需要而非對自然的敬畏。

從年齡分佈而言，發現中老年組別（41-50歲及50歲以上組別）更傾向於遵守語言忌諱，當中41-50歲組別是

最傾向於遵守語言忌諱的年齡組別（來自該組別的 97% 受訪者表示會從不同程度遵守語言忌諱）。然而，18-30 歲組別是最不傾向於遵守語言忌諱的年齡組別（來自該組別的 82% 受訪者表示會從不同程度遵守語言忌諱）。而在各類別中，年輕組別受訪者最不傾向於遵守「階層類忌諱」，該組別有 34% 的受訪者表示「從不遵守階層類忌諱」。其次為「雅俗類忌諱」，該組別有 17% 的受訪者表示「從不遵守雅俗類忌諱」。由此推斷，年齡與遵守語言忌諱存在正向關係。此點亦與行業訪問的互相印證，婚禮、糧油雜貨界別及金融界別的人士同時表示，年輕的從業員及客戶較年長者更不傾向於遵守語言忌諱。即使遵守，很有可能是基於行業傳統及避免開罪其他年長人士。如年輕新人本身沒有語言忌諱和找風水師「擇吉日」，但基於尊重出席婚禮的長輩特別是新人父母的意見，最後都會選擇遵守忌諱及遵循傳統。[219]

　　至於有關語言忌諱的傳承，問卷發現父母教育是語言忌諱傳承的最主要途徑，共 73% 受訪者表示「父母曾教過自己有關粵語語言忌諱的知識」。其次為老師，共 42% 受訪者表示「老師曾教過自己有關粵語語言忌諱的知識」。更有 94% 受訪者表示自己會向子女教授粵語語言忌諱的知識。

　　值得注意是，最年輕組別（18-30 歲），大部分的受訪者（52%）表示「老師曾教過自己有關粵語語言忌諱的

知識」，該組別大部分的受訪者（80%）表示自己「曾因觸犯語言忌諱而受到責備」，該組別更有 8% 受訪者表示自己「曾因觸犯語言忌諱而受到體罰」。三項數字遠超其他年齡組別。由此推論，年輕一代自己未必遵守甚或了解語言忌諱，但其師長會刻意教導語言忌諱，甚至懲罰年輕犯禁者。此發現印證本文分析框架及 Keith Allan 的觀點，即使當代人不盡然相信觸犯語言忌諱會導致不幸，但基於傳統及社會規範等人為因素，使語言忌諱仍然流傳。[220] 最後，有關香港行業語言忌諱，問卷調查發現半數受訪者表示因「行業慣性」而遵守語言忌諱。

另外，為了解各行業的語言忌諱及語言忌諱在該行業的更迭狀況，本研究分別訪問了糧油雜貨業、婚禮業、金融業及醫護業業者。分別為：通泰行負責人李豐年先生（糧油雜貨業／受訪日期：2021 年 4 月 5 日）。One And Only 負責人譚海祥先生（婚禮業／受訪日期：2021 年 4 月 14 日）。香港基金經理，匿名受訪者（金融業／受訪日期：2021 年 2 月 20 日）。香港公立醫院護士，匿名受訪者（醫護業／受訪日期：2021 年 2 月 20 日）。訪問先請受訪者列舉該行業的語言忌諱，且說明該些忌諱的原因及與行業的關係，最後則請受訪者分析語言忌諱在該行業的變化及原因。

綜合問卷調查及行業訪問兩組研究，發現各行業的語言忌諱有以下特點：

## 一、不同行業的語言忌諱有一定的共通性

醫護界人士忌諱「死」字，故不編有「四」字編號的病床。[221] 婚禮場地同樣忌諱「死」字，故不編有「四」字編號的桌號。[222] 金融界別同樣忌諱「四」，忌諱以「四」作尾數價格的股票。[223] 現象反映「死亡」的忌諱與恐懼普遍存在，人們設法在不同場合中避免。

此現象亦見於「空」字中，問卷發現，對「空」即「凶」的忌諱普遍存在於各行各業中，亦為最多受訪者所列舉的例子。不同行業均以「吉」代「空」，出口商及運輸業從業員會以「吉櫃」表示「空貨櫃」；服裝業及物業管理業業者慣以「吉房」表示「空房」；科技業業者亦表示忌諱說「空宅」。連同論文前部分援引的地產業，共有五個香港行業會視「空」為忌諱，反映「趨吉避凶」植根於粵語文化中，亦解釋本文文首提及為何「交吉」、「吉屋」等語言忌諱會被錄入香港多份法律文件中。其次「死亡」、「安危」是粵語人士最為重視的忌諱，此發現與最多人遵守的語言忌諱類別吻合，最多受訪者會遵守的語言忌諱類別正是「生死類」及「運勢類」。

## 二、各行業會因應其業務展出獨有的語言忌諱

公務員及金融業界特別忌諱「樂」字，因其與「落」同音。而公務員作為官員自然忌諱「落台」及「降職」。

而金融業界固然不希望股市及經濟「落下」。因此，他們在新年時特別忌諱說「新年快樂」，因其音有「新年時，快快落下」之意。[224]

醫護界人士把「運屍車」美化成「勞斯萊斯」；「包裹屍體」則以「包糖」婉轉代替。[225] 而婚禮統籌界忌諱在婚禮場合提及「下一次」和「分開」，原因是相信沒有新人結婚會想「下一次再結婚」和「分開」。[226] 可見，行業獨有的忌諱往往因應行業的固有業務發展而成，多數只適用於特定行業及場合，而非該行業業者一般不會遵守該些忌諱。如離開婚禮場景，大眾並不會對「下一次」有忌諱。非醫護界人士亦不會理解何謂「包糖」及「勞斯萊斯」，需要該行業人士解釋方會明白。行業的獨有忌諱甚至成為「行話」的一部分，梁慧敏云：

> 警察、律師、醫生、教師、侍應……都有自己的行話，這些詞彙的通行範圍有限，只供某一行業的交際使用，行業以外的人用不著，甚至不了解。[227]

## 三、行業的語言忌諱會持續轉變與發展

語言忌諱並非一成不變，而是隨社會、文化、經濟乃至行業本身而改變。一方面，部分忌諱已經漸被年月沖淡，不再被廣泛遵守，如鞋店從前絕不會在農曆新年開業，因其時人認為在新年發出「鞋」音（嘆氣聲）會使其

全年均會「嘆氣」度日。[228] 然而，時至今天，鞋店及顧客
雙方均不再遵守此忌諱，在農曆新年期間照常營業，甚至
作農曆新年優惠。

攝於 2021 年 2 月 12 日（農曆年初一），Onitsuka Tiger（鞋
店），旺角朗豪坊

　　另一方面，不同行業的語言忌諱因應社會而發展，如
近年醫護人士忌諱使用「麥麥送」服務（麥當勞 2009 年推
出的 24 小時外賣服務），因「麥」與「密」同音，「密

密送」使他們聯想到「密密為病人送終」和「密密送病人上病房」。[229] 因而形成較為「新興」的忌諱。又如年輕的金融業從業員，發揮創意，想到以「減價股」、「優惠股」來委婉形容股價下跌的股票。[230]

綜合「問卷調查」及「行業訪問」兩項研究，現時粵語語言忌諱現象存在於香港市民的日常生活及職業中。雖然，他們遵守語言忌諱原因大多不再出於「避免不幸」或「招致神靈不悅」等傳統的原因，而更傾向於「禮儀」與「慣性」。年青一代對語言忌諱的態度不如年長者般嚴謹，但仍有 86% 受訪的年青人會從不同程度遵守語言忌諱。師長教導、家庭傳承、行業慣性甚或責罰等社會規範，可以推斷語言忌諱的現象將會繼續流傳。行業作為語言忌諱的傳承關鍵因素之一，不同行業的語言忌諱有「同」有「異」。「同」者體驗於「生死類」、「運勢類」等最主流及常用的忌諱；「異」則體現於不同行業的獨特情境及服務對象，因而衍生出獨特的語言及行為忌諱。最後，語言忌諱作為語言的一部分，同樣會因應社會變遷而更替及發展。

89. Huang Hongxu and Tian Guisen. "A sociolinguistic view of linguistic taboo in Chinese." *International Journal of the Sociology of Language* (1990): 66.

90. 陳慧：〈基於文化語言學視角的日漢禁忌語比較──以「生‧死」禁忌語為例〉，《牡丹江教育學院學報》，第 6 期（2015 年），頁 76。

91. 方向宇：〈三界五行:胎神之說 值得尊重〉，《東方日報》，2016 年 6 月 13 日。

92. 梁振輝：〈【粵語講呢啲】死亡詞 4：釘咗、香咗、摺咗、拉柴、冚旗〉，《文匯報》，2018 年 2 月 13 日。

93. 李榮：《廣州方言詞典》（南京：江蘇教育出版社，2003 年）：「過身」、「過世」：頁 50；「歸西」、「歸天」：頁 132；「一咗」：頁 449；「老咗」：頁 237；「百年歸老」:頁 465；「雙腳撐直」：頁 394；「伸直腳」：頁 327。

94. 呂凝敏、蔡正邦：〈人生畢業禮｜幼稚園教師轉行做殯儀師 生死 KOL：從死亡學到珍惜〉，《香港 01》，2020 年 11 月 4 日。

95. 梁振輝：〈【粵語講呢啲】死亡詞 1：去咗賣鹹鴨蛋〉，《文匯報》，2017 年 4 月 25 日。

96. 王婧：〈普通話和粵語的食物名稱對比〉，《青年文學家》第 5 期（2014 年），頁 112。

97. 羅竹風：《漢語大詞典 2》，（香港：三聯書店，1988 年），頁 1204。

98. 「有些保險公司的『終身』是指最多派發至 100 歲，另一些保險公司則派發至投保人百年歸老，因此必須了解清楚」香港經濟日報編輯部：〈怕太長命退休儲蓄唔夠用？年金自製長糧慢慢搣〉，《香港經濟日報》，2021 年 9 月 29 日。

99. 羅竹風：《漢語大詞典 12》，（香港：三聯書店，1988 年），頁 430。

100. 「張國榮（哥哥）從中環文華東方酒店 24 樓躍下，一代巨星自此殞落。」阮家欣：〈張國榮大銀幕經典角色回顧 風華絕代只此一人〉，《明報周刊》，2021 年 4 月 1 日。

101. 林倫倫：《中國言語禁忌和避諱》，（香港：中華書局，1994 年），頁 98。

102. Robert S. Bauer and Paul K. Benedict, *Modern Cantonese Phonology* (Mouton De Gruyter, 1997), pp. 304-315.

103. 訪問錄音，參考附錄「婚禮統籌界別訪問」

104. 訪問錄音，參考附錄「護士界別訪問」

105. 甄挺良：〈邪牌「9413」車牌第六度拍賣 業界：不吉利　或再次被收回〉，《香港 01》，2017 年 8 月 10 日。

106. 訪問錄音，參考附錄「護士界別訪問」

107. 曾子凡：《香港粵語慣用語研究》（香港：香港大學博士論文，2008 年），頁 87。

108. 李榮：《廣州方言詞典》（南京：江蘇教育出版社，2003 年），頁 326。

109. 李榮：《廣州方言詞典》（南京：江蘇教育出版社，2003 年），頁 429。

110. 曾子凡：《香港粵語慣用語研究》（香港：香港大學博士論文，2008 年），頁 54。

111. 曾子凡：《香港粵語慣用語研究》（香港：香港大學博士論文，2008 年），頁 54。

112. 恒善殯儀：〈名詞解釋：殮房、太平間〉，網上文章，最後瀏覽日期 2021 年 8 月 30 日，連結：http://bye.com.hk/www/blog/%E8%91%AC%E7%A6%AE%E7%A6%81%E5%5%BF%8C-27（由於公司網頁更新，目前連結已失效）

113. 基因殯儀：〈靈堂禁忌〉，網上文章，最後瀏覽日期 2021 年 8 月 30 日，連結：http://www.funeral886.com/?gclid=Cj0KCQjw6SDBhCMARIsAGbI7Uj_FJZyeCuFsibPqbTeGe_GKX3wyD5jJQYoBNwgdqWNHNYnXcSZM1saAroHEALw_wcB（更新連結為 http://www.funeral886.com/funeral-traditional-style-3.html）

114. 康寶文、萬波、張詠梅：《語文求真》（香港：三聯書店，2008 年），頁 40。

115. 馬木池、張兆和、黃永豪、廖迪生、劉義章、蔡志祥：《西貢歷史與風物》（香港：西貢區議會，2011 年），頁 87。

116. 香港經濟日報編輯部：〈觀音開庫禁忌〉，《香港經濟日報》，2018 年 3 月 9 日。

117. 〔漢〕許慎撰，〔清〕段玉裁編注：《說文解字——上》（江蘇：鳳凰出版社，2007 年），頁 759。

118. 梁慧敏：《正識中文》（香港：三聯書店，2010 年），頁 172。

119. 訪問錄音，參考附錄「護士界別訪問」

120. 香港經濟日報編輯部：〈90 後殯儀三代談工作怪事：觸碰先人前要通知聲〉，《香港經濟日報》，2017 年 2 月 21 日。

121. 恒善殯儀：〈葬禮禁忌〉，網上文章，最後瀏覽日期 2021 年 8 月 30 日，連結：http://bye.com.hk/www/blog/%E8%91%AC%E7%A6%AE%E7%A6%81%E5%BF%8C-27（由於公司網頁更新，目前連結已失效）

122. 〔周〕左丘明著，〔唐〕孔穎達疏：《春秋左傳正義》，收錄於李學勤主編《十三經注疏》（北京：北京大學出版社，1999 年），頁 34。

123. 〔周〕孔子：《禮記》，見馮國超編：《禮記》（長春：吉林人民出版社，2006 年），頁 42。

124. 梁慧敏：《正識中文》（香港：三聯書店，2010 年），頁 172。

125. 梁慧敏：《正識中文》（香港：三聯書店，2010 年），頁 172。

126. 梁慧敏：《正識中文》（香港：三聯書店，2010 年），頁 172。

127. 彭萍萍：〈跨文化交際視野下的禁忌語〉，《吉林省教育學院學報》第 1 期（2015 年），頁 140。

128. 訪問錄音，參考附錄「糧油雜貨界別訪問」

129. 香港特別行政區：《道路交通（公共服務車輛）規例》46a：(a) 使用不良或冒犯性的語言

130. 香港特別行政區：《淫褻物品審裁處簡介》，網上文章，最後瀏覽日期 2021 年 8 月 30 日，連結：https://www.judiciary.hk/zh/court_services_facilities/oat.html

131. 轉引自林倫倫：《中國言語禁忌和避諱》（香港：中華書局，1994 年），頁 122。

132. 〔漢〕許慎撰，〔清〕段玉裁編注：《說文解字——上》（江蘇：鳳凰出版社，2007 年），頁 315。

133. 蘋果日報編輯部：〈阿澤鄭中基食牛歡喜〉，《蘋果日報》，2017 年 5 月 13 日。

134. 林依純：〈恒生銀行博愛堂行政總廚 巧手絕世名菜 驚艷食家舌尖〉，《信報》，2021 年 1 月 19 日。

135. 明報編輯部：〈「妖怪」中環出沒 陪你歎大師級燒鳥〉，《明報》，2021 年 8 月 7 日。

136. 蘋果日報編輯部：〈阿澤鄭中基食牛歡喜〉，《蘋果日報》，2017 年 5 月 13 日。

137. 韓詠儀：〈【食物解碼】蟹膏顏色點解有白有橙？雌雄蟹膏有分別！〉，《香港 01》，2017 年 11 月 27 日。

138. 宋玉：《高唐賦》。收錄於 Donald Sturgeon 編：《中國哲學書電子化計劃》（2016 年），最後瀏覽日期 2021 年 8 月 30 日，連結：https://ctext.org/wiki.pl?if=gb&chapter=580759

139. 〔周〕孔子：《禮記》，見馮國超編：《禮記》（長春：吉林人民出版社，2006 年），頁 440-442。

140. 〔周〕孔子《論語》，見來可泓編：《論語》（西安：陝西人民出版社，1996 年），頁 247。

141. 梁慧敏：《正識中文》（香港：三聯書店，2010 年），頁 173。

142. 丁瑜：《她身之欲：珠三角流動人口社群特殊職業研究》（北京：社會科學文獻出版社，2016 年），頁 1。

143. 宋玉：《高唐賦》。收錄於 Donald Sturgeon 編：《中國哲學書電子化計劃》（2016 年），最後瀏覽日期 2021 年 8 月 30 日，連結：https://ctext.org/wiki.pl?if=gb&chapter=580759

144. 星島日報編輯部：〈尋歡男疑遭流鶯偷錢〉，《星島日報》，2020 年 4 月 29 日。

145. 〔唐〕紀唐夫：〈送友人往宜春〉，收錄於〔清〕彭定求等編：《全唐詩 29》（北京：學苑音像出版社，2004 年），頁 542。

146. 星島日報編輯部：〈尋歡男疑遭流鶯偷錢〉，《星島日報》，2020 年 4 月 29 日。

147. 〔西漢〕司馬遷：《史記》，見李清編：《史記》（青海：青海人民出版社，2002 年），頁 242。

148. 曾子凡：《香港粵語慣用語研究》（香港：香港大學博士論文，2008 年），頁 54。

149. 曾子凡：《香港粵語慣用語研究》（香港：香港大學博士論文，2008 年），頁 51。

150. 梁慧敏：《正識中文》（香港：三聯書店，2010 年），頁 172。

151. 訪問錄音，參考附錄「糧油雜貨界別訪問」

152. 曾子凡：《香港粵語慣用語研究》（香港：香港大學博士論文，2008 年），頁 77。

153. 曾子凡：《香港粵語慣用語研究》（香港：香港大學博士論文，2008 年），頁 65。

154. Robert S. Bauer and Paul K. Benedict, *Modern Cantonese Phonology* (Mouton De Gruyter, 1997), p. 311.

155. 歐陽覺亞、周無忌、饒秉才：《廣州話俗語詞典》（香港：商務印書館，2009 年），頁 270。

156. 彭志銘：《小狗懶擦鞋》（香港：次文化堂，2007 年），頁 112。

157. 彭志銘：《小狗懶擦鞋》（香港：次文化堂，2007 年），頁 116-117。

158. 彭志銘：《小狗懶擦鞋》（香港：次文化堂，2007 年），頁 95。

159. Robert S. Bauer and Paul K. Benedict, *Modern Cantonese Phonology* (Mouton De Gruyter, 1997), pp. 310-311.

160. 香港 01 編輯部：〈7 種食物鬧人超傳神　粉腸、蛋散未算狠〉，《香港 01》，2020 年 8 月 22 日。

161. Robert S. Bauer and Paul K. Benedict, *Modern Cantonese Phonology* (Mouton De Gruyter, 1997), pp. 308-309.

162. 彭志銘：《小狗懶擦鞋》（香港：次文化堂，2007 年），頁 56。

163. David C. S. Li. "Linguistic Convergence: Impact of English on Hong Kong Cantonese." *Asian Englishes* (1999): 18-19.

164. 「X 你老母，信唔信我聽日去筆架山道 6 號劃花你木板。」東網編輯部：〈阿 Sa 與男友愛巢被刑毀　疑遭粉絲恐嚇放火〉，《東網》，2009 年 3 月 5 日。

165. 「一集由李健宏（KB）擔任嘉賓……不過 KB 在節目內依然忍不住爆粗，要節目組同事『嘟』不停。」明報編輯部：〈七仙羽爆劉錫賢有暗病 KB 節目爆粗被罰「七連閃電咀」〉，《明報》，2021 年 9 月 2 日。

166. 歐陽覺亞、周無忌、饒秉才：《廣州話俗語詞典》（香港：商務印書館，2009 年），頁 86。

167. Robert S. Bauer and Paul K. Benedict, *Modern Cantonese Phonology* (Mouton De Gruyter, 1997), pp. 310-311.

168. 香港網絡大典：《高登粗口 Filter》（香港：香港網絡大典，最後修訂：2018 年），最後瀏覽日期 2021 年 8 月 30 日，連結：https://evchk.wikia.org/zh/wiki/%E9%AB%98%E7%99%BB%E7%B2%97%E5%8F%A3Filter

169. Eliecer Crespo-Fernández. "Euphemistic Strategies in Politeness and Face Concerns." *Pragmalingüística* 13 (2005): 78.

170. 導演：李力持，演出：周星馳、鞏俐、陳百祥《唐伯虎點秋香》（香港：永盛電影製作有限公司，1993 年）。

171. Ella Lee, Stella Lee, "Green posters removed as commuters see red" *South China Morning Post* 24 February 1993. 轉引自：Robert S. Bauer and Paul K. Benedict, *Modern Cantonese Phonology* (Mouton De Gruyter, 1997), p. 308.

172. 香港中文大學，中國語言及文學系：《現代標準漢語與粵語對照資料庫》，「神神地」（香港：香港中文大學，最後修訂：2001 年），最後瀏覽日期 2021 年 8 月 30 日，連結：https://apps.itsc.cuhk.edu.hk/hanyu/Page/Search. aspx?id=19741

173. 〔漢〕許慎撰，〔清〕段玉裁編注：《說文解字——上》（江蘇：鳳凰出版社，2007 年），頁 548。

174. 經濟一週編輯部：〈如何識別凶宅？〉，《經濟一週》，2020 年 10 月 26 日。

175. 麥耘：〈廣州方言文化詞兩則〉，《中國方言學報》第 3 期（2006 年），頁 85。

176. 鄭錦鈿：〈一個水上人家庭的故事——從水上人空間運用的生活文化尋找被遺忘的歷史〉，嶺南大學文化研究系 MCS 年度研討會（2012 年），頁 20。

177. 丁邦新：〈粵語中一些避諱的詞彙〉，《漢語研究的新貌：方言、語法與文獻——獻給余靄芹教授》（香港：香港中文大學，2016 年），頁 25。

178. 訪問錄音，參考附錄「金融界別訪問」

179. 訪問錄音，參考附錄「糧油雜貨界別訪問」

180. 香港餐務管理協會：《香港中小企常用食物規格資料庫》「淡菜」，最後瀏覽日期 2020 年 10 月 4 日，連結：http://www.fooddb.com.hk/chi_fruit. php?id=8&type=8

181. 王婧：〈普通話和粵語的食物名稱對比〉，《青年文學家》第 5 期（2014 年），頁 112。

182. 訪問錄音，參考附錄「糧油雜貨界別訪問」

183. 林倫倫：《中國言語禁忌和避諱》（香港：中華書局，1994 年），頁 112。

184. 林倫倫：《中國言語禁忌和避諱》（香港：中華書局，1994 年），頁112。

185. 曹小燕：〈從文化心理角度透視粵語中的禁忌語〉，《中國社會科學報》，2020 年 2 月 14 日。

186. 丁邦新：〈粵語中一些避諱的詞彙〉，《漢語研究的新貌：方言、語法與文獻——獻給余靄芹教授》（香港：香港中文大學，2016 年），頁 25。

187. 「木魚書是廣東的彈詞，過去以廣州為中心，流行於珠江三角洲、西江和南路一帶。木魚書是木魚歌的唱本，可以閱讀，可以朗誦，可以吟唱。」佚名：《二荷花史》，附錄：話說木魚書薛汕。收錄於 Donald Sturgeon 編：《中國哲學書電子化計劃》（2016 年），最後瀏覽日期 2021 年 8 月 30 日，連結：https://ctext.org/wiki.pl?if=gb&chapter=402637

188. 林倫倫：《中國言語禁忌和避諱》（香港：中華書局，1994 年），頁112。

189. 丁邦新：〈粵語中一些避諱的詞彙〉，《漢語研究的新貌：方言、語法與文獻——獻給余靄芹教授》（香港：香港中文大學，2016 年），頁 25。

190. 李新梅：〈從粵語的諧音特點看廣州文化〉，《深圳職業技術學院學報》第 4 期（2016 年），頁 47-48。

191. 江宏：〈諧音禁忌的文化學探索〉，《廣西大學學報（哲學社會科學版）》第 3 期（200 年），頁 5。

192. 李榮：《廣州方言詞典》（南京：江蘇教育出版社，2003 年），頁 40。

193. 丁邦新：〈粵語中一些避諱的詞彙〉，《漢語研究的新貌：方言、語法與文獻——獻給余靄芹教授》（香港：香港中文大學，2016 年），頁 28。

194. 張勵妍、倪列懷、潘禮美：《香港粵語大詞典》（香港：天地圖書有限公司，2020 年），頁 400。

195. 訪問錄音，參考附錄「金融界別訪問」

196. 香港中文大學，中國語言及文學系：《現代標準漢語與粵語對照資料庫》，「無米粥」（香港：香港中文大學，最後修訂：2001 年），最後瀏覽日期 2021 年 8 月 30 日，連結：https://apps.itsc.cuhk.edu.hk/hanyu/Page/Search.aspx?id=17862

197. 訪問錄音，參考附錄「糧油雜貨界別訪問」

198. 梁慧敏：《正識中文》（香港：三聯書店，2010 年），頁 172。

199. 丁邦新：〈粵語中一些避諱的詞彙〉，《漢語研究的新貌：方言、語法與文獻——獻給余靄芹教授》（香港：香港中文大學，2016 年），頁 25-29。

200. 香港餐務管理協會：《香港中小企常用食物規格資料庫》「淡菜」，最後瀏覽日期 2020 年 10 月 4 日，連結：http://www.fooddb.com.hk/chi_fruit.php?id=8&type=8

201. 訪問錄音，參考附錄「護士界別訪問」

202. 李榮：《廣州方言詞典》（南京：江蘇教育出版社，2003 年），頁 429。

203. 王婧：〈普通話和粵語的食物名稱對比〉，《青年文學家》第 5 期（2014 年），頁 112。

204. 王婧：〈普通話和粵語的食物名稱對比〉，《青年文學家》第 5 期（2014 年），頁 112。

205. 梁慧敏：《正識中文》（香港：三聯書店，2010 年），頁 172。

206. 訪問錄音，參考附錄「糧油雜貨界別訪問」

207. 梁慧敏：《正識中文》（香港：三聯書店，2010 年），頁 172。

208. 林倫倫：《中國言語禁忌和避諱》（香港：中華書局，1994 年），頁 108-110。

209. 林倫倫：《中國言語禁忌和避諱》（香港：中華書局，1994 年），頁 111。

210. 梁慧敏：《正識中文》（香港：三聯書店，2010 年），頁 172。

211. 訪問錄音，參考附錄「糧油雜貨界別訪問」

212. 丁邦新：〈粵語中一些避諱的詞彙〉，《漢語研究的新貌：方言、語法與文獻——獻給余靄芹教授》（香港：香港中文大學，2016 年），頁 25。

213. 丁邦新：〈粵語中一些避諱的詞彙〉，《漢語研究的新貌：方言、語法與文獻——獻給余靄芹教授》（香港：香港中文大學，2016 年），頁 27。

214. 林倫倫：《中國言語禁忌和避諱》（香港：中華書局，1994 年），頁 112。

215. 香港中文大學，中國語言及文學系：《現代標準漢語與粵語對照資料庫》，「神神地」（香港：香港中文大學，最後修訂：2001 年），最後瀏覽日期 2021 年 8 月 30 日，連結：https://apps.itsc.cuhk.edu.hk/hanyu/Page/Search.aspx?id=19741

216. Robert S. Bauer and Paul K. Benedict, *Modern Cantonese Phonology* (Mouton De Gruyter, 1997), pp. 304-315.

217. 訪問錄音，參考附錄「護士界別訪問」

218. 訪問錄音，參考附錄「婚禮統籌界別訪問」

219. 訪問錄音，參考附錄「婚禮統籌界別訪問」

220. Keith Allan and Kate Burridge, *Forbidden Words: Taboo and the Censoring of Language* (Cambridge University Press, 2006), pp. 7-10.

221. 訪問錄音，參考附錄「護士界別訪問」

222. 訪問錄音，參考附錄「婚禮統籌界別訪問」

223. 訪問錄音，參考附錄「金融界別訪問」

224. 訪問錄音，參考附錄「金融界別訪問」

225. 訪問錄音，參考附錄「護士界別訪問」

226. 訪問錄音，參考附錄「婚禮統籌界別訪問」

227. 梁慧敏：《正識中文》（香港：三聯書店，2010年），頁58。

228. 訪問錄音，參考附錄「糧油雜貨界別訪問」

229. 訪問錄音，參考附錄「護士界別訪問」

230. 訪問錄音，參考附錄「金融界別訪問」

# 四、粵語與其他漢語方言忌諱的比較

心口

污糟

大酒店

危

舌

青瓜

交吉

竹昇

通勝

歡喜

飲勝

飲乾

誠子

# 1. 比較維度

粵語屬漢語方言的其中一員，而粵文化亦是整個漢文化其中不能分割的部分，自然與其他漢語方言地區有著大量共通文化習俗，例如均用漢字；在新年時講究「意頭」或稱「彩頭」；以「筷子」作為主要食具等。

然而，基於方言語言、地域及文化的差異，而使各方言間的語言忌諱不盡相同。有謂「十里不同音，百里不同俗」，「音」指的是方言差異；「俗」指的是文化風俗；背後存差異的其中一個原因就是地域因素：「里」。因此，本部分將從「語言」、「文化風俗」、「地域」三大維度比較粵語忌諱與其他漢語方言，挖掘粵語忌諱的整體性與獨特性。

在三個維度的比較下，研究方言忌諱變得立體。例如天津話與粵語中同樣對「鞋」字有忌諱，但粵語忌諱的原因是「鞋」的粵音與嘆氣聲同音，人們忌諱嘆氣，所以忌諱「鞋」。但在天津，人們忌諱「鞋」，是因為天津話中「鞋」與「邪」同音，怕「邪氣」帶來不幸。[231] 上例即說明，即使對同一字有所忌諱，但基於方言發音的差異，導致忌諱的原因不盡相同。反之，某些語言忌諱卻在各方言間完全共通。如以「辭世」婉言「死亡」，即使「辭世」的方言讀音不盡相同，但所有漢語方言使用者均會明白「辭世」是形容人的死亡。

## 2. 粵語與其他漢語方言忌諱的異與同

　　由於方言與方言間語音上存在異與同，鄰近地區的方言又會因地域及語言相近而導致語言忌諱相近，但卻又因為文化不同而存在微小的差異。從「語言」、「文化風俗」、「地域」維度分析並比較漢語方言間的相異之處。

## 一、因語言差異而導致漢語方言忌諱的差異

　　在粵語「空」（hung1）與「凶」（hung1）同音，基於「趨吉避凶」原則而把「空」改成「吉」。然而，在其他漢語方言中「空」及「凶」並不同音，故此，其他漢語方言中未見有把「空」改成「吉」的例子。即使是同為南方沿海常用的客語及閩語均未見此例。[232] 唐七元認為粵語中「空」、「凶」（hung1）同音的現象是因為粵語中古溪母字與曉母合流，粵語中的溪母讀擦音（h）。[233] 而他再考據北京、溫州、長沙、南昌等地的方言，均沒有發言「空」、「凶」同音的現象。[234] 由此推斷，「空」屬粵語獨有的語言忌諱，不存在於其他漢語方言中。

　　粵語中對「鞋」忌諱是另一例子，粵音中的「鞋」（haai4）與嘆氣聲同音的現象並不普遍存在於其他漢語方中，如上文提及，天津話對「鞋」的忌諱並不在於其與嘆氣聲同音而在於「鞋」在天津話中與「邪」同音。[235]

由方言語音不同而產生的忌諱差異甚至會出現矛盾，如在粵語中「蘋果」的「蘋」（peng4）與「平安」的「平」（peng4）同音，故「蘋果」屬吉利語，有「平平安安」之意。然而，在上海話中「蘋果」（bin1 ku2）與「病故」（bin3 ku3）同音不同調，不單忌諱說「蘋果」，更特別忌諱探病時送「蘋果」，因其有咒病人「病故」之意。[236] 當然，相信所有方言地區的人均不希望「病故」而希望「平安」，但因方言本身的發音差異而導致同一事物，在不同方言間出現矛盾，既為粵語的「吉利語」同時為上海話的「忌諱語」。

## 二、因文化差異而導致漢語方言忌諱的差異

　　除了方言的語言本身存在差異外，文化為另一因素。顯例為粵語委婉語會夾雜英語。David C. S. Li 指出，受香港歷史因素影響，英語對香港粵語影響甚大，中英語碼混用及語碼轉換的情況常見。[237]

　　香港粵語忌諱亦見中英夾雜之例，如以「嚟 M」、「M 到」諱言「月經」，「M」即為英文月經 "Menstruation" 縮寫。[238] 甚至在語法上出現融合，上文提及「Cert 咗」是表達病人死亡的委婉語，原因是病人離世時，需經由醫生證明，英語為 "Certified Dead"。「Cert 咗」是略去 "Dead"，再以「咗」作為動詞後綴，表示過去，即「已證實死亡」。此類中英夾雜的忌諱例子鮮見於其他漢語方言中。

除受西方文化影響外，一些粵語忌諱亦具文化特性，不易於其他漢語方言中找到同例，如大多方言地區不忌諱「黃瓜」，惟在粵方言地區忌諱「黃瓜」，而改作「青瓜」。原因是「瓜」有死之意，黃姓者忌諱「黃瓜」，故以「青瓜」委婉之。[239] 至於「瓜」與「死」的關係則在於「瓜老襯」：

　　　　「瓜老襯」的正寫是「瓜老櫬」，其中讀「襯」的「櫬」指棺材。「瓜」、「老」、「櫬」這三個單詞合起來就是指「老年去世要睡棺材」。[240]

　　而似乎因為「瓜」與「死」的連繫未見於其他方言地區中，故此，其他方言不存在對「瓜」、「黃瓜」的忌諱。

　　然而，漢語方言間同時存在「差異」與「相同」，部分語言忌諱會出現「大同小異」的情況。顯例如「舌」在不同漢語方言中均與「蝕」、「折」近音或同音，但各方言的忌諱方式則有所不同，如北京話以相對中性的「口條兒」代替「舌」。但某些方言人士則慣以與「蝕」的反義來代替「舌」：南昌人以「招財」；溫州人以「口賺」；梅縣人以「有利水」來代替「舌」。[241] 至於粵語人士造「脷」字委婉代替之。可見，各方言地區人士抱持同樣信念：「忌諱蝕本、折本而希望賺錢」為之「大同」，不過各方言基於文化差異而選用的代替字卻不盡相同，為之「小異」。

## 三、因地域差異而形成不同的語言忌諱

語言忌諱起源於人民對不幸及導致不幸之事或物的忌諱，而不同地區對「不幸之事或物」均有所不同。廣東作為南部沿海地區，多年來以水路經商，習慣「以水為財」，非常忌諱「乾」字，故此不少有「乾」字的詞語均須避諱，如忌諱「乾杯」，以「飲勝」代替之。然而，對「乾」字的忌諱，則鮮見於其他內陸方言中。抑有甚者，「水」在湘西方言中更是忌諱字，因其有「壞了」及「小動物死去」的意思。[242] 同理，不少漢語方言忌諱均展現獨特的「地區特色」，如從前溫州虎患問題嚴重，當地人自然忌諱提及「虎」字，因怕說了「虎」，便會引來「老虎」。因此，溫州人忌諱說「虎」，慣以「大貓」代替之。[243] 而此忌諱則鮮見於其他沒有虎患問題的地區。

另一因地域差異而形成的語言忌諱差異的顯例是「漁家忌諱」，從前天文科技未為發達，海上風浪難測。漁業的風險極高，發展出對鬼神及自然的敬畏與崇拜，不同的忌諱油然而生，及後被岸上人民吸納，成為方言的一部分。惟「漁家忌諱」較難見於遊牧及高山地區的方言之中，再次印證地域差異與語言忌諱的關係。

常見的漁家忌諱有：「沉」（因忌諱沉船）、「翻」（因忌諱翻船）、「溺」（因忌諱溺水）、「倒」（因忌諱船倒）、「散」（因忌諱散離）、「著」（因忌諱「船停住」即「擱淺」）[244]、「危」（因忌諱危險）。而不同漢語方

言中的漁家忌諱都是出於同樣趨吉避凶的心理機制，但忌諱方式大同小異，差異主要基於方言發音的差異中。如湖南話中「盛」與「沉」近音，故慣以「添飯」表示「盛飯」[245]；各地漁民均忌諱「傘」，因其音與「散」同，惟不同方言的忌諱方式有所不同，如粵語和客家人士把「傘」叫成「遮」，但部分其他方言會把「傘」叫成「撐花」。[246]

縱然不同漢語方言忌諱存有差異——基於語言、文化及地域而形成方言獨特的忌諱。但此等忌諱背後反映的均是同樣的心理機制。溫州人忌諱「虎」、廣東人忌諱「乾」（窮）、湖南湘西人忌諱「水」（敗壞）或是上海人忌諱「蘋果」（病故），原因同是害怕說了忌諱之事，便會遇上該不幸之事。

## 四、不同漢語方言中通用的語言忌諱

雖則基於語言、文化及地域的差異而導致不同漢語方言的忌諱差異。然而，部分的語言忌諱在各漢語方言間完全通用。如在各漢語方言中均會保留「避嬴政諱」的傳統，把原本「正月」中的「正」改成平聲。粵語、上海語及標準漢語字典均有錄此忌諱：

| 語言 | 正月中「正」的讀音 | 聲調 |
|---|---|---|
| 粵語 | 正（zing1）月 | 平聲 |
| 上海語 | 正（tsen1）月 | 平聲 |
| 標準漢語 | 正（zhēng）月 | 平聲 |

方言作為地區中的口語溝通，大部分的忌諱是以口耳相傳方式流傳。然而，部分忌諱用法，因為有大量的文字紀錄，且在不同年代重複出現，得使該些忌諱能在不同方言間通用，如以「解手」代替「大小便」；以「辭世」代替「死亡」。

　　以「解手」代替「大小便」在不同年代均有文字紀錄：

宋代——《京本通俗小說》：「敘了些寒溫，魏生起身去解手。」[247]

明代——《初刻拍案驚奇》：「何道就乘此機會……假意解手。」[248]

清代——《紅樓夢》：「寶玉出席解手，蔣玉菡便隨了出來。」[249]

　　以「辭世」代替「死亡」在不同年代均有紀錄：

唐代——〈祭虞部張員外文〉：「倏忽逮今，二十餘歲，存皆衰白，半亦辭世。」[250]

清代——《紅樓夢》：「人已辭世，哭也無益。」[251]

　　由此推論，若然忌諱用法在不同年代的書面記載越多，越有可能使該用法為不同方言所接受及流傳。加上如果忌諱涉及中央政令，各地官民「不敢不從」。文字紀錄及中央政令二者成為打破語言及地域溝壑的關鍵因素，使不同方言地區仍能保存共同的語言忌諱。

231. 林倫倫：《中國言語禁忌和避諱》（香港：中華書局，1994 年），頁103。

232. 邱湘雲：〈委婉語在台灣語言及台灣文學中的表現〉，《第四屆台灣文學與語言國際學術研討會論文集》（台灣：真理大學語文學院，2007 年），頁9。

233. 唐七元：〈從粵語的語音特點看粵語區的諧音文化〉，《廣西大學學報（哲學社會科學版）》第3期（2016 年），頁174。

234. 唐七元：〈從粵語的語音特點看粵語區的諧音文化〉，《廣西大學學報（哲學社會科學版）》第3期（2016 年），頁174。

235. 林倫倫：《中國言語禁忌和避諱》（香港：中華書局，1994 年），頁103。

236. 錢乃榮：《上海方言與文化》（北京：中國國際廣播出版社，2014 年），頁316。

237. David C. S. Li: "Linguistic Convergence: Impact of English on Hong Kong Cantonese." *Asian Englishes* (1999): 7-8.

238. 曾子凡：《香港粵語慣用語研究》（香港：香港大學博士論文，2008 年），頁65。

239. 王婧：〈普通話和粵語的食物名稱對比〉，《青年文學家》第5期（2014 年），頁112。

240. 梁振輝：〈【粵語講呢啲】死亡詞2：瓜咗、瓜柴、瓜老襯、冬瓜豆腐〉，《文匯報》，2018 年1月30日。

241. 林倫倫：《中國言語禁忌和避諱》（香港：中華書局，1994 年），頁111。

242. 吳楊芝：〈湘西禁忌語研究〉，《雞西大學學報》第1期（2013 年），頁139-140。

243. 周振鶴、游汝傑：《方言與中國文化》（上海：上海人民出版社，1986 年），頁204。

244. 林倫倫：《中國言語禁忌和避諱》（香港：中華書局，1994 年），頁108-110。

245. 林倫倫：《中國言語禁忌和避諱》（香港：中華書局，1994 年），頁108-110。

246. 林倫倫：《中國言語禁忌和避諱》（香港：中華書局，1994 年），頁 108-110。

247. 〔宋〕佚名：《京本通俗小說》，見上海古籍出版社編：《京本通俗小說》（上海：上海古籍出版社，1988 年），頁 70。

248. 〔明〕凌夢初：《初刻拍案驚奇》，見馮克誠編：《初刻拍案驚奇》（內蒙古：內蒙古人民出版社，2001 年），頁 442。

249. 〔清〕曹雪芹：《紅樓夢》，見中國戲劇出版社編：《紅樓夢》（北京：中國戲劇出版社，2002 年），頁 50。

250. 〔唐〕韓愈：〈祭虞部張員外文〉，收錄於〔唐〕韓愈著；〔清〕馬其昶編：《韓昌黎文集校注》（台北：頂淵文化事業有限公司，2004 年），頁 343。

251. 〔清〕曹雪芹：《紅樓夢》，見中國戲劇出版社編：《紅樓夢》（北京：中國戲劇出版社，2002 年），頁 24。

五、粵語忌諱現象剖析

心口

污糟

大酒店

危

青瓜

文吉

竹昇

通勝

歡喜

飲勝
飲乾

波子

舌

本部分將剖析三個粵語忌諱的語言現象，並找出背後的成因與意義。

# 1.「反義詞破禁」與「二層忌諱」

人們選擇用委婉字來代替忌諱字，原因在於既不想觸犯忌諱或避免引起聽者不快，但同時又要讓聽者明白自己的意思，「忌諱」及其委婉字便成了文化的共識。然而，即便使用委婉字代替忌諱字，不必然會被語言使用者全然接受，某些委婉字最後甚至也會同被忌諱，形成「二層忌諱」。語言使用者對委婉語的接受程度可分為三類：

一、正面：語言使用者欣然使用該委婉字，甚至認為該字由負面轉為正面，多說亦無妨。

二、中性：語言使用者接受該委婉字，且成為日常用語一部分，但既不認為正面，也不覺得需要特別忌諱。

三、負面：語言使用者會小心使用該委婉字，甚至認為該委婉字也需忌諱。

以上情況同樣適用於粵語的忌諱現象，舉例來說：

「通勝」（「通書」的委婉字）、「伯有」（「伯母」的委婉字）、「吉」（「空」的委婉字）等字屬正面，大眾欣然使用該些委婉字，甚至不忌諱多說。如市民大眾常在農曆新年提及和使用「通勝」，地產界人士也不忌諱說「吉」字。至於「青瓜」（「黃瓜」的委婉字）、「喫」（食的委婉字）等字屬中性，大眾既不會認為此等忌諱字特別正面，又或需要特別忌諱。然而，「壽衣」（「死者衣」的委婉字）、「大酒店」（「殯儀館」的委婉字）、「有心」（「靈堂上多謝」的委婉字）等字屬負面，即使已經用了委婉字，但大眾仍不願多提，甚至漸漸也成為忌諱。

筆者以表列方式列出上例，並兼列其忌諱的類別與方式，嘗試分析不同委婉字接受程度差異的原因。

| 接受程度 | 現象 | 本字 | 委婉字 | 忌諱的類別 | 忌諱的方式 |
|---|---|---|---|---|---|
| 正面 | 反義詞破禁 | 通書 | 通勝 | 錢財類 | 同音字需忌諱，以反義字代替 |
| | | 伯母 | 伯有 | 錢財類 | 同音字需忌諱，以反義字代替 |
| | | 空 | 吉 | 運勢類 | 同音字需忌諱，以反義字代替 |
| 中性 | 語言慣性 | 黃瓜 | 青瓜 | 生死類 | 本字需忌諱，以本字相關字代替 |
| | | 帆 | 鯉 | 運勢類 | 近音字需忌諱，以褒義字代替 |
| | | 食 | 喫 | 錢財類 | 近音字需忌諱，以近義字代替 |
| 負面 | 二層忌諱 | 死者衣 | 壽衣 | 生死類 | 本字需忌諱，以反義字代替 |
| | | 殯儀館 | 大酒店 | 生死類 | 本字需忌諱，以本字相關字代替 |
| | | 多謝（靈堂用） | 有心 | 生死類 | 本字需忌諱，以近義字代替 |

　　從上表可見，最為大眾接受的委婉字的忌諱方式全都是「同音字需忌諱，以反義字代替」。換言之，使用者只改一字，便徹底改變忌諱字的性質：化「輸」為「勝」；化「無」為「有」；趨「吉」避「凶」。因此，以反義詞作為忌諱的委婉代替，最為有效，不單止於避開「忌諱」，更把「忌諱」轉為「吉利」，形成「反義詞破禁」的現象。

至於「中性」的委婉字，主要有兩大特點：一、不是本字的反義字，大多是近義或與本字相關的字。導致使用者不會對委婉字特別鍾愛又或特別抗拒。二、大眾對該委婉字的本字較為陌生，語言使用者縱然會用到以上字，如「喫」、「鯉」，惟不認識該字原屬忌諱字，而只視其為其他字詞一樣。如問卷調查中有部分受訪者表示「不是刻意遵守語言忌諱，只是慣性使用該些字詞」。

　　然而，社會大眾對部分委婉字仍感到負面，此類多為「生死類忌諱」。當中「壽衣」更是用了「以反義字代替」方式委婉代替，但仍無減人對該字的負面觀感，無法以「反義詞破禁」，反映「死亡」在粵文化中屬嚴重忌諱。

　　在某些情況下甚至委婉字自身最終也成為另一個忌諱，需要另一字委婉之，形成「二層忌諱」現象。例如香港粵語人士以「大酒店」作為「殯儀館」的代替委婉稱呼。「大酒店」本身指豪華高級酒店，而因為人死後要在「殯儀館」中「住」一晚，就如住在「大酒店」中。故香港粵語人士以「大酒店」婉言「殯儀館」。[252] 正因人們長期慣以「大酒店」代替「殯儀館」，而基於對死亡及「殯儀館」的忌諱，在日常生活中，即使人們真的入住豪華高級的酒店，均忌諱說「去住大酒店」，而會說成「去住酒店」。因為在香港粵語人士的語境下，說「自己要去住大酒店」，無異於說「自己要去住殯儀館」。

上例即說明，基於文化共識及語言慣性，某些委婉字詞被賦予另一層意義，甚至蓋過該字的本身的意義。「大酒店」在香港粵語人士的共識下，不再指「豪華高級酒店」，而是指「殯儀館」。而又基於人對死亡及「殯儀館」的忌諱，在日常生活中，人們又忌諱提及「大酒店」而選擇用「酒店」代替之。

二層忌諱的分析框架（大酒店）如下：

| 忌諱層次 | 本字字義 | 本字 | 委婉字 |
|---|---|---|---|
| 一層忌諱 | 舉行喪禮的場所 | 殯儀館 | 大酒店 |
| 二層忌諱 | 供人睡眠的豪華商業設施 | 大酒店 | 酒店 |

「二層忌諱」不是粵語忌諱獨有現象，亦出現於其他漢語方言中，如北京話以「蛋」諱稱「男性生殖器官」。[253]但由於人民對「男性生殖器官」的忌諱，最終導致對「男性生殖器官」的委婉字「蛋」也產生忌諱，會以「白果」、「雞子兒」等諱稱「蛋」。[254]至於為何北京人對「蛋」有如此大的忌諱？林建平認為因為從前北京有不少太監，自然非常忌諱他人提及「男性生殖器官」及該委婉字「蛋」。[255]而當地商店及市民便「識趣地」避免提及「蛋」字。

舉凡蛋字及由蛋字組成的詞語均被與之相應的委婉字代替：「雞子兒」代替「雞蛋」；「松花」代替「皮蛋」；「炒黃花」代替「炒蛋」，「木樨湯」代替「蛋花湯」。

256 因此，對比起其他地區，北京方言對「男性生殖器官」及「蛋」尤為忌諱，形成「京城獨有」的「二層忌諱」。

二層忌諱的分析框架（蛋）如下：

| 忌諱層次 | 本字字義 | 本字<br>（需要忌諱） | 委婉字 |
|---|---|---|---|
| 一層忌諱 | 男性的生殖器官 | 男性生殖器官 | 蛋 |
| 二層忌諱 | 卵生動物的胚胎 | 蛋 | 白果、雞子兒 |

由此可見，當社會對某事物有極大忌諱時，自然極不願觸及該類忌諱。起初以委婉字代替該些字詞，但由於對該事或物的忌諱之大，連該委婉字也需要被忌諱，要再以其他委婉字代替之，「二層忌諱」由此而生。

然而，值得再追問的是，依照同一推論，會否出現「三層忌諱」，甚至類推成「無限層忌諱」？筆者在粵語及其他漢語方言中暫未見此現象。因為語言忌諱必須合乎文化共識，而每組委婉字的目的在於不用明言該忌諱字，而使聽者能意會之。似乎文化的共識是二層忌諱已能達至忌諱效果，如當香港人說要住「酒店」時，便知道他真的是要「入住酒店」，最多是入住較為豪華的酒店（大酒店），而不會再「向上聯想」成要「入住殯儀館」。同理，當北京人說要買「白果」時，只會聯想到「蛋」（卵生動物的胚胎），則不會再聯想到「男性生殖器官」。

在英語忌諱中，有類近於「二層忌諱」的現象。但有別於「二層忌諱」，保留一層忌諱的委婉字（只有在特定的場合下使用），英語忌諱更為「徹底」，當民眾或有關機構認為某一委婉字已經成為忌諱時，會將之完全棄用，以另一個字代替。例如形容「精神不健全」委婉字最初為 "crippled"，在一段時間後認為該字過於貶義，也應該忌諱。後以 "handicapped" 代替，在一段時間人們甚至政府認為該字過於貶義，也應該忌諱，便以 "disabled" 代替，如此類推。Steven Pinker 把「委婉字不停地被當成新忌諱和被更新」的現象稱為 "euphemism treadmill"「委婉跑輪」。[257]

委婉跑輪的分析框架（handicapped）如下：

| 本字 | 更替過程 |
|------|---------|
| crippled | 成為忌諱，新字取代 |
| handicapped | 成為忌諱，新字取代 |
| disabled | 成為忌諱，新字取代 |
| 繼續類推…… | 繼續類推…… |

不論是「二層忌諱」以及英語中「委婉跑輪」現象，均反映不同語言對委婉字的觀感、接受性、用途以及更替方式均有所差異，各文化中的語言「忌諱」既是文化共識，是「忌諱」與「準確溝通」間的平衡點。

# 2.「鬼」與「死」的故意不忌諱

粵語的忌諱與日常語言的使用存有矛盾。如上文提及，粵語人士對「生死類主題」最為忌諱，絕大部分在港的粵語人士均會遵守「生死類」忌諱，而最多受訪者表示會在靈堂遵守忌諱。梁慧敏更認為「死」與「鬼」是最為人忌諱的詞語。[258] 但同一時間，粵語中經常用到「鬼」及「死」字。

香港粵語歌手許冠傑的歌曲《天才與白痴》中更連用19個以鬼字組成的詞語：

> 呢個世界上，有冤鬼、有嘩鬼、有奸鬼、賭鬼、盞鬼、重有鹹濕鬼，有衰鬼、有煙鬼、攝青鬼、生鬼、撞鬼。撞著個冒失鬼，醉酒鬼、吊靴鬼、醜死鬼、假鬼、真鬼、亂咁鬼打鬼，問你究竟攪乜鬼。[259]

《廣州話俗語詞典》亦收錄了40個有「死」字的俗語，如「死死下」、「死牛一便頸」；收錄47個有「鬼」字的俗語，如：「鬼打鬼」、「鬼死咁……」。[260] 拆解此語言學現象，可從「詈罵語」及「慣用語」兩大概念入手。

## 「詈罵語」

首先，要釐清委婉語與詈罵語的關係。如 Eliecer Crespo-Fernández 所言：「委婉語的主要功能在於減低及避免交流中潛在衝突，有利交流及維持人際關係。」[261] 與之相反，「詈罵語」的目的就是要辱罵他人。[262] 因此，語言使用者會故意破禁說出禁忌，甚至把禁忌語說得更為露骨粗直以強化辱罵效果。

語言忌諱與社會互動關係——圖像化框架（節錄）

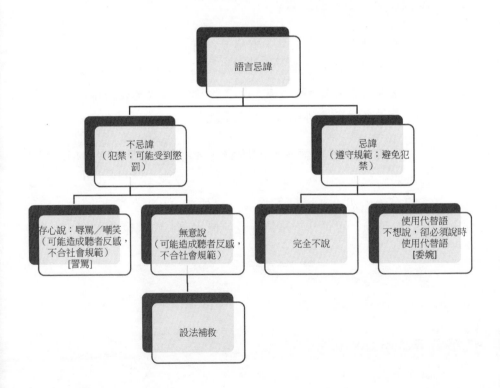

因此，某語言使用者對某事物有所忌諱同時，語言使用者很有可能會以該些事物組成「詈罵語」。溫昌衍考究「廣東方言的詈罵文化」，發現粵語的詈罵可分為「借不好之物罵人」、「借鬼妖、死人罵人」、「借性罵人」及「直接罵人」四類。[263] 首三類的背後全是語言忌諱，「借鬼妖、死人罵人」即為「鬼神類」、「生死類」忌諱。「借性罵人」即為「雅俗類」忌諱。再次證明「忌諱」與「詈罵」間的相對關係。

「死」與「鬼」二字作為粵語忌諱，其應用亦可分成「委婉」與「詈罵」兩類。在日常對話甚或在特別需要忌諱的場合（靈堂、醫院、「鬼節」、深夜、與老人交談等），人們自然傾向於遵守忌諱，不提「死」與「鬼」字。然而，在某些場合，粵語人士同時會以「死」、「鬼」及其相關字作為「詈罵語」。

## 「死」字詈罵語

「死死下」罵人「快要死」或「無精打采」；「死開」是粗俗地叫人「走開」；罵人「死人嘢」及「死嘢」即罵人是「壞極的傢伙」，相當具侮辱性和咒罵性。「死仔」、「死人頭」、「死仔」同是咒罵人「去死」。[264] 而更為粗俗、惡毒的詈罵有「仆街死」及由之簡化的「仆街」。此字原為黑道用語，指人橫屍街頭並無人收屍。[265]

至於最為特別的「死」字詈罵語是「老而不」。此字出自《論語》的「幼而不孫弟，長而無述焉，老而不死，是為賊。」[266] 意思是如果一個人年幼時不講孝悌，長大時又沒有可說的成就，那麼此人到老時便是禍害。原句旨於勸導世人該立德立行。但由於長期被斷章取義，人們又會以「老而不死」來作罵語，形容「頑固的老人」。[267] 雖然此字本身是「詈罵語」，但又會略去「死」字，只說「老而不」，某程度上減低該字的傷害性。

## 「鬼」字詈罵語

　　梁楚琪指出，由「鬼」字組成的詈罵語有以下例：

> 爛賭鬼（形容有賭癮的嗜賭如命的人）、缺德鬼（形容缺德的人）、孤寒鬼（形容吝嗇的人）、冇膽鬼（形容膽小的人）、豬油鬼（形容做事慢吞吞的人）、走鬼（到處走動的小販）、嘩鬼（吵鬧的人）、衰鬼（壞人）、傻鬼（傻傻的人）[268]

　　詈罵語的目的在於為聽者帶來傷害，正因為「死亡」作為最為粵語人士忌諱，當人們以「死」咒罵，聽者自然產生不悅及恐懼。至於「鬼」作為人死後的存在，在部分情況下帶有貶義，粵語人士慣以「鬼」作為詈稱。可以把「忌諱」與「詈罵」理解成天秤的兩端，當文化對某字詞越為忌諱時，把該些字詞用作詈罵語的效果越佳。正解釋為何粵語文化一方面「忌諱」「鬼」與「死」字，另一方面「故意不忌諱」，以用作「詈罵」。

## 「慣用語」

粵語人士說「鬼」與「死」字的原因除「詈罵」外，亦因為由「鬼」與「死」所組成的字大多為具更深層的意思慣用語。在使用慣用語時，語言使用者更著重其深層意思，而非表層意思。李新魁云：

> 「慣用語……除了有一些是按其『表層意義』來使用之外，許多詞語還有其『深層意義』人們的使用，就著重其深層意義」。[269]

因此，在由「鬼」及「死」組成的慣用語中，「鬼」不單只是指人死後的靈魂；「死」亦不再單單表示人的死亡。如：

「死黨」的表層意思是指可效死力的黨羽，深層意思指「情誼深厚的朋友」。[270]

「執死雞」的表層意思是免費拿到已死的雞隻，深層意思是指「能意外地得到好處」。[271]

「吊靴鬼」的表層意思是吊在他人鞋上的鬼，當未被人發現時，會快速躲開人的視線。「吊靴鬼」深層意思是「以鬼喻人」，形容那些總愛鬼祟地跟著別人的人。[272]

「鬼食泥咁」，此字表層意思是指一隻正在吃泥土的鬼。而因為相傳「鬼食泥」時會發出奇怪而含糊的聲音，故此，「鬼食泥咁」的深層意思是形容人說話含糊不清。[273]

「鬼打鬼」的表層意思是指兩隻鬼打架，而深層意思是「同類打同類」，即「內哄」。[274]

　　因此，當粵語人士說出「死」、「鬼」組成的慣用語，強調的不再是「鬼」與「死」本身的表層義，而是由之而衍生的深層義，更形成有趣生動、多元靈活的語言特色。梁慧敏指出慣用語「集體創作」使語言更為活潑生動。[275]故此，在一般場合，日常交流中粵語使用者均不會忌諱使用由「鬼」與「死」組成的慣用語。

　　綜而論之，「鬼」與「死」及由之組成的字詞可大致分為「忌諱語」、「詈罵語」、「慣用語」三大類。一方面，粵語使用者對「死」字與「鬼」字十分忌諱，特別不會在靈堂及醫院等場合用上。但另一方面，會「故意破禁」以二字組成詈罵語，正正以人所忌諱之事物咒罵他人。同時，粵語人士慣以「鬼」與「死」字組成更具深層意義、形象生動傳神的「慣用語」。正解釋為何粵語人士忌諱「死」與「鬼」的同時，又會常提及二字。

　　下表即表列三者的分別及例子：

| 例子 ＼ 類別 | 忌諱單獨提及（守禁：必要時用「委婉字」代替） | 作詈罵（故意破禁：不忌諱） | 作慣用語（著重深層意思） |
|---|---|---|---|
| 鬼 | 委婉字：「污糟嘢」 | 「冇膽鬼」 | 「鬼食泥」 |
| 死 | 委婉字：「走咗」 | 「死人頭」 | 「執死雞」 |

然而，由於語言的創造空間極大，語言的界線並不完全分明，故不能以「命題式的定義」來定義字詞，更要端視說者的目的及場合。下列舉三大可能出歧義的情況：

　　第一、一詞多義。顯例是「死鬼」二字，一方面指死去的人，用作罵人「壞傢伙」。但同時，也可以用作情人、友人間的「昵稱」。又如「抵死」一詞，可用以罵人，意思是「抵你死」，即「活該」。但同時「抵死」作慣用語時又可解作「很風趣、幽默、俏皮」。[276]

　　第二、忌諱語可同時為慣用語。如「腳伸直」或「兩腳一伸」，二字表面義是雙腳蹬直，深層義是指形容人死時的狀況。部分人會把此字作「死亡」的委婉字。但同時該字形象貼切生動，亦可用作玩笑之用。

　　第三、使用慣用語也需顧及場合。雖說語言使用者在使用「慣用語」時較為著重「深層意思」，可在日常交流使用。但在醫院、靈堂等場合用上「鬼食泥」、「攝青鬼」、「抵死」等由「鬼」與「死」組成的慣用語，也極有可能引起病人及死者家屬的不悅。

# 3. 語言忌諱的文化差異

　　香港不同餐廳對於同一食物有不同稱呼，如中式餐廳多以「豬膶」代替「豬肝」，但在西式餐廳中鮮見餐單上

中有「鵝膶」，而直稱其為「鵝肝」。又如「紅」、「旺」、「血旺」，三者其實都是解作「由動物的血而造成的食物」。此現象背後所反映的是語言忌諱的文化差異。

香港作為前殖民地及國際都會，語言的使用自然同受外來語言影響（包括其他漢語方言及外地語言）。承接本文第二部分的分析，「語言」、「文化風俗」、「地域」三者是構成不同語言忌諱間差異的關鍵因素。當不同語言的人士共同生活及交流，不同的語言忌諱會「共存」，甚至被「吸納」。

「共存」指的是不同語言或方言對同一事物有不同的稱呼或委婉語。不同的稱呼或委婉語同時存在，但不會互相取代或排斥。顯例為「由動物血製成的食物」。在香港不同的餐廳對「由動物血製成的菜式」最少有三種不同的稱呼：「紅」、「旺」、「血旺」。前文提及粵語人士忌諱「血」字，故以吉利字「紅」字代替之。因此「豬紅」是粵語「豬血」的委婉語，[277] 常見的食物有「豬紅粥」、「韮菜豬紅」。

但同時，部分來自台灣的餐廳會製作一道名「腸旺」的菜式。[278]「腸」指「豬腸」，而「旺」則是「豬血」的委婉稱呼。筆者認為與台灣四縣客語中慣以「旺」委婉表示「由動物血製成的食物」的慣例有關。[279] 另有台灣海陸客語以「豬旺仔」委婉表示「豬血」之例。[280]

近年，部分來自四川重慶的餐廳引進由豬血或鴨血製成的「毛血旺」菜式。[281]「毛」在四川方言中有粗糙之意，而「血旺」則是指由動物的血液凝固成的血塊。[282]

　　雖然台灣的「腸旺」與重慶的「毛血旺」均是一種「由動物血製成的菜式」，而且當中都有「旺」字。然而，兩者的由來及意義均不盡相同。「腸旺」中的「旺」，是直接用作「血」的「委婉代替字」，用法可能源自台灣客語。此忌諱類近於粵語人士以「紅」代「血」。但是，「毛血旺」中的「血旺」是用以表示「凝固的血」。而當中更有「血」字，因此，「毛血旺」的「旺」絕對不是「血」字的「委婉代替字」，反映四川文化中並沒有對「血」字的忌諱。「豬紅」、「腸旺」或是「毛血旺」，三者名稱及由來不盡相同，但仍能在香港這粵語地區共生並存。

　　另一例子是「鵝膶」與「鵝肝」。如論文前部分提及，粵語人士忌諱「乾」，因而忌諱與之同音的「肝」字，慣以「膶」代替之。現時雖有不少中式餐廳保留此委婉名稱，如稱「豬肝麵」作「豬膶麵」[283]及稱「鵝肝製成的臘腸」為「鵝膶腸」。然而，法國餐廳卻鮮聞「法式鵝膶」，多數是直稱「法式鵝肝」。可能的原因是外地人並不了解粵語中有關「肝」的忌諱，故直稱其名：「鵝肝」。加上「法國鵝肝」屬較新興的西式食物，在傳入香港時，本地人對「肝」字的忌諱程度已遠不如以往般重視，因而普遍接受「鵝肝」作為菜式名稱。從「菜式名稱」可窺見不同的語

言忌諱及其文化意涵雖然存在差異，但不必然會相互排拒或取代，而能在粵語地區共存。

「吸納」不單止是與外來忌諱「共存」，更是在完全接受並因應外來忌諱而形成本地的忌諱。顯例為「十三」，在西方文化中「十三」屬忌諱數字。[284]而粵語本身對「十三」並無忌諱，但及後接受此外來忌諱，更因而改變本身的行為。如香港巴士公司中巴早在六十年代初期曾表示因為認為忌諱「十三」而避免「13」為路線編號。

> 六十年代初期，中巴增闢 12 及 12A 線後，理應新開辦的路線以 13 為編號，當時，眾中巴高層職員以「十三不祥」為理由，並沒有採用 13，新闢路線均順序 14、15、16、17。[285]

連部分香港的大廈也因為忌諱「十三」而不設「十三樓」，俗稱「跳層」。[286]而香港部分醫院病房也會因為忌諱「十三」而不設「十三號」病床。由此可見，對「十三」的忌諱是源自外來文化，但後被吸納而成為普及忌諱。對外來忌諱開放接納，與香港的歷史及「寧可信其有，不可信其無」的文化信念不無關係。

252. 曾子凡：《香港粵語慣用語研究》（香港：香港大學博士論文，2008 年），頁 87。

253. 汪大昌：《北京方言與文化》（北京：中國國際廣播出版社，2014 年），頁 122。

254. 林倫倫：《中國言語禁忌和避諱》（香港：中華書局，1994 年），頁 122。

255. 林建平：〈荷包蛋〉，《星島日報》，2016 年 4 月 19 日。

256. 周振鶴、游汝傑：《方言與中國文化》（上海：上海人民出版社，1986 年），頁 204。

257. Steven Pinker, "The Game of the Name" *The New York Times* 5 April 1994.

258. 梁慧敏：《正識中文》（香港：三聯書店，2010 年），頁 172。

259. 作曲：許冠傑，填詞：許冠傑、薛志雄，主唱：許冠傑：《天才與白痴》，收錄於《天才與白痴》（專輯），（香港：寶麗多，1975 年）。

260. 歐陽覺亞、周無忌、饒秉才：《廣州話俗語詞典》（香港：商務印書館，2009 年），頁 1-432。

261. Eliecer Crespo-Fernández. "Euphemistic Strategies in Politeness and Face Concerns." *Pragmalingüística* 13 (2005): 78.

262. 溫昌衍：〈廣東客閩粵方言詈罵語中的詈罵文化〉，《嘉應學院學報（哲學社會科學）》第 1 期（2014 年），頁 1。

263. 溫昌衍：〈廣東客閩粵方言詈罵語中的詈罵文化〉，《嘉應學院學報（哲學社會科學）》第 1 期（2014 年），頁 7-8。

264. 彭志銘：《粵罵詈言》（香港：次文化堂，2009 年），頁 62。

265. 彭志銘：《小狗懶擦鞋》（香港：次文化堂，2007 年），頁 55。

266. 〔周〕孔子《論語》，見來可泓編：《論語》（西安：陝西人民出版社，1996 年），頁 198-199。

267. 曾子凡：《香港粵語慣用語研究》（香港：香港大學博士論文，2008 年），頁 77。

268. 梁楚琪：〈粵語「鬼」字的隱轉喻認知研究〉，《青年文學家》第 21 期（2019 年），頁 168。

269. 李新魁：《廣東的方言》（廣州：廣東人民出版社，1994 年），頁 234-235。

270. 曾子凡：《香港粵語慣用語研究》（香港：香港大學博士論文，2008 年），頁 87。

271. 歐陽覺亞、周無忌、饒秉才：《廣州話俗語詞典》（香港：商務印書館，2009 年），頁 262。

272. 梁楚琪：〈粵語「鬼」字的隱轉喻認知研究〉，《青年文學家》第 21 期（2019 年），頁 168。

273. 梁楚琪：〈粵語「鬼」字的隱轉喻認知研究〉，《青年文學家》第 21 期（2019 年），頁 168。

274. 歐陽覺亞、周無忌、饒秉才：《廣州話俗語詞典》（香港：商務印書館，2009 年），頁 73。

275. 梁慧敏：《正識中文》（香港：三聯書店，2010 年），頁 71。

276. 曾子凡：《香港粵語慣用語研究》（香港：香港大學博士論文，2008 年），頁 101。

277. 丁邦新：〈粵語中一些避諱的詞彙〉，《漢語研究的新貌：方言、語法與文獻——獻給余靄芹教授》（香港：香港中文大學，2016 年），頁 27。

278. 東網編輯部：〈香港都食到正宗台灣味〉，《東網》，2018 年 7 月 26 日。

279. 邱湘雲：〈委婉語在台灣語言及台灣文學中的表現〉，《第四屆台灣文學與語言國際學術研討會論文集》（台灣：真理大學語文學院，2007 年），頁 7。

280. 邱湘雲：〈海陸客家詞彙的趨同趨異表現〉，《臺灣語文研究》第 2 期（2013 年），頁 79。

281. LorLor Lee：〈旺角新開名廚 Ricky 主理川菜餐廳 歎勻酸菜魚／麻辣小龍蝦／毛血旺〉，《港生活》，2020 年 9 月 5 日。

282. 周禮：〈重慶名菜毛血旺〉，《黃河黃土黃種人》第 21 期（2019 年），頁 14。

283. 梁煥敏：〈無活豬　深水埗維記豬膶麵周日隨時停　老闆：好頭痕〉，《香港 01》，2019 年 5 月 11 日。

284. 原因包括基督教人士認為猶大出賣耶穌，而他在最後晚餐中是坐在桌的第十三個人。漢語聖經協會：《聖經》（香港：漢語聖經協會，2011 年），頁 1608-1611。

285. 新世界第一巴士編輯部：〈路線介紹 -13〉，《路線介紹》。

286. 香港特別行政區立法會：〈立法會六題：樓宇樓層編號〉，《立法會新聞公報》，2009 年 11 月 4 日。

六、結語

心口

污糟

青瓜

交吉

大酒店

竹昇

危

通勝

歡喜

波子

飲勝
飲乾

舌

「豬腰」、「通勝」、「吉車」等市民經常用到的字，背後卻反映複雜的文化及語言內涵。語言忌諱的現象普遍存在於不同文化與語言當中，「忌諱」與「委婉語」是同一地區的語言使用者間的文化共識。「忌諱」源於對「不確定事物」的敬畏及避免聽者不悅，及後形成傳統和人為規範。「生死、鬼神、階層、雅俗、運勢、錢財」是六類普遍存在的語言忌諱類別。

一般來說，人們極力避免「忌諱主題」及「忌諱語言」，但在「不得不說忌諱」的情況下，又想到使用「委婉語」。「委婉語」成了是「避免不幸」及「準確表達」；「避免傷害」及「準確表達」的平衡者，因此，只有熟知該語言及文化的人士方可清楚解釋該語言的「委婉語」。粵語的忌諱方式共有「本字需忌諱，以褒義字代替」、「同音字需忌諱，改變字原本的讀音」、「近音字需忌諱，以反義字代替」等十六類語言忌諱方式。

不同語言甚或方言間的忌諱也不盡然互通。「蘋果」的粵音與「平安」近音，有祝福之意，但該字的上海話發音與「病故」近音，屬忌諱。要避免觸犯「忌諱」而引起誤解，《禮記》提供了實際的建議：「入境而問禁，入國而問俗，入門而問諱。」[287]

形成不同語言的忌諱分野，源自「語言、文化、地域」三大因素。粵語的忌諱與其他的漢語方言「同中帶異」。「同」體認於漢文化中「趨吉避凶」的心理機制。而部分

有文字紀錄及涉及政令的語言忌諱更是完全相同，如「正月」。然而，部分忌諱卻為粵語獨有，如對「空」字獨特忌諱是源自語言因素；以「M到」婉言「月經」；忌諱「黃瓜」則是源自獨特的文化因素。

　　粵語中的忌諱現象反映粵語靈活生動的特點。即使用「委婉語」不必然抵消對該忌諱的恐懼與反感。部分「委婉語」更會成為另一個「忌諱」，形成「二層忌諱」。粵語人士對「死」與「鬼」忌諱的同時亦會借「死」與「鬼」作詈罵，更以「死」與「鬼」組成大量形象生動，值得玩味的慣用語。因此，形成對「死」與「鬼」既有「忌諱」同時又「不忌諱」的語言現象。「旺」、「紅」、「血旺」作為「血」的委婉字及稱呼同時存在於粵語地區，反映粵語對外來忌諱的包容性。

　　因應社會改變，粵語人士遵守「忌諱」的「迷信」色彩漸退，更是傾向「人」的因素，諸如「避免引起人不悅」、「禮貌」、「師長教育」及「行業慣性」。「粵語語言忌諱」得以保留並發展，此不單為粵語人士的文化信念與共識，更是因為「委婉語」在社會及語言中擔任不可或缺的角色。

---

287. 〔周〕孔子：《禮記》，見馮國超編：《禮記》（長春：吉林人民出版社，2006 年），頁 25。

心口

青瓜

交吉

污糟

竹昇

通勝

大酒店

七、

歡喜

附錄

飲勝

飲乾

氹子

舌

# 1. 粵語忌諱列表（方式）：

| 忌諱原因 / 忌諱方式 | 本字需忌諱 | 同音字需忌諱 | 近音字需忌諱 |
|---|---|---|---|
| 反義字代替 | 本字：死者衣<br>委婉字：壽衣 | 本字：伯母（音同：百冇）<br>委婉字：伯有（音同：百有） | 本字：絲瓜（「絲」音近「輸」）<br>委婉字：勝瓜 |
| 褒義字代替 | 本字：包屍<br>委婉字：包糖 | / | 本字：帆（音近「翻」）<br>委婉字：艃（音近「利」） |
| 近義字代替 | 本字：苦瓜<br>委婉字：涼瓜 | / | 本字：食（音近「蝕」）<br>委婉字：喫 |
| 本字相關字代替 | 本字：黃瓜<br>委婉字：青瓜 | 本字：傘（音同「散」）<br>委婉字：遮 | 本字：豬腎（音近「神」）<br>委婉字：豬腰 |
| 新造字代替 | 本字：丘<br>新造字：邱（忌諱孔丘，加「邑部」，成「邱」） | 本字：豬舌（音同「蝕」）<br>新造字：豬脷（音同「利」）<br>先改成反義的「利」，再加上「肉部」成「脷」 | / |
| 改變字原本的讀音 | / | 本音：桅（ngai4）杆<br>改音：桅（wai4）杆 | / |
| 行為上忌諱 | 忌諱：倒米 | 忌諱：送鐘（音同送終）<br>忌諱：送鞋（音同嘆氣（haai4）） | 忌諱：四、十四之物，如病床、樓層、桌號（「四」音近「死」；「十四」音近「實死」） |

## 2. 粵語忌諱列表（類別 - 節錄）

| 類別 | 本字 | 委婉字 |
|---|---|---|
| 生死 | 懷孕 | 大肚 |
| 生死 | 懷孕 | 大咗肚 |
| 生死 | 懷孕 | 馱仔 |
| 生死 | 懷孕 | 有喜 |
| 生死 | 懷孕 | 有餡 |
| 生死 | 懷孕 | 有咗 |
| 生死 | 懷孕 | 有咗 BB |
| 生死 | 死亡 | 過身 |
| 生死 | 死亡 | 過世 |
| 生死 | 死亡 | 歸西 |
| 生死 | 死亡 | 歸天 |
| 生死 | 死亡 | 瓜 |
| 生死 | 黃瓜 | 青瓜 |
| 生死 | 四（sei3） | - |
| 生死 | 十四（sap6 sei3） | - |
| 生死 | 四十（sei3 sap6） | - |
| 生死 | 屍體 | 糖 |
| 生死 | 包裹屍體 | 包糖 |
| 生死 | 運送屍體的運輸床 | 勞斯萊斯 |
| 生死 | 殯儀館 | 大酒店 |
| 生死 | 棺材 | 四塊板 |
| 生死 | 棺材 | 板 |

| | | |
|---|---|---|
| 生死 | 遺照 | 真 |
| 生死 | 死者的骨 | 金 |
| 生死 | 當把死者骨殖放入罐子中存放 | 執骨 |
| 生死 | 把死者骨放入罐中存放 | 執金 |
| 生死 | 出殯 | 上山 |
| 生死 | 死 | 壽 |
| 生死 | 死者穿的衣物 | 壽衣 |
| 生死 | 死者穿的鞋 | 壽靴 |
| 生死 | 棺材店 | 長生店 |
| 生死 | 遺囑 | 平安紙 |
| 生死 | 歡迎 | 有客到 |
| 生死 | 歡迎光臨 | 有客到 |
| 生死 | 多謝 | 有心 |
| 生死 | 再見 | 有心 |
| 鬼神 | 有鬼 | 有污糟嘢 |
| 鬼神 | 有鬼 | 有嗰啲嘢 |
| 鬼神 | 鬼／靈體 | 污糟嘢 |
| 鬼神 | 鬼／靈體 | 嗰啲嘢 |
| 階層 | 正月（zing3） | 正（zing1）月 |
| 階層 | 啟蟄 | 驚蟄 |
| 階層 | 丘 | 邱 |
| 雅俗 | （男女通用）性器官 | 下體 |
| 雅俗 | （男女通用）性器官 | 下面 |
| 雅俗 | （男女通用）性器官 | 嗰度 |

| 雅俗 | （男女通用）性器官 | 私處 |
|------|------------------|------|
| 雅俗 | 男性生殖器 | 陽具 |
| 雅俗 | 男性生殖器 | 細佬 |
| 雅俗 | 男性生殖器 | 丁 |
| 雅俗 | 男性生殖器 | 雀仔 |
| 雅俗 | 男性生殖器 | 咕咕 |
| 雅俗 | 男性生殖器 | 朘 |
| 雅俗 | 女性生殖器 | 陰部 |
| 雅俗 | 女性生殖器 | 下身 |
| 雅俗 | 女性生殖器 | 妹妹 |
| 雅俗 | 性行為 | 上床 |
| 雅俗 | 性行為 | 發生關係 |
| 雅俗 | 性行為 | 男女關係 |
| 雅俗 | 性行為 | 共赴巫山 |
| 雅俗 | 性行為 | 翻雲覆雨 |
| 雅俗 | 性行為 | 交歡 |
| 雅俗 | 性行為 | 合歡 |
| 雅俗 | 性行為 | 交好 |
| 雅俗 | 性行為 | 魚水之歡 |
| 雅俗 | 夫妻交合 | 敦倫 |
| 雅俗 | 夫妻之間的性行為 | 敦倫之禮 |
| 雅俗 | 夫妻之間的性行為 | 周公之禮 |
| 雅俗 | 保險套 | 袋 |
| 雅俗 | 保險套 | 膠套 |

| 雅俗 | 大小二便 | 方便 |
|---|---|---|
| 雅俗 | 大小二便 | 去洗手間 |
| 雅俗 | 大便 | 解手 |
| 雅俗 | 大便 | 出恭 |
| 雅俗 | 屎 | 矢 |
| 雅俗 | 廁所 | 洗手間 |
| 雅俗 | 廁所 | 化妝室 |
| 雅俗 | 血 | 紅 |
| 雅俗 | 孕婦下身流血 | 見紅 |
| 雅俗 | 豬血 | 豬紅 |
| 雅俗 | 鴨血 | 鴨紅 |
| 雅俗 | 受傷流血 | 掛彩 |
| 雅俗 | 女性月經 | 有親戚到 |
| 雅俗 | 女性月經 | 嚟 M |
| 雅俗 | 女性月經 | M 到 |
| 雅俗 | 門小（男女交合動作） | D |
| 雅俗 | 門九（男性性器官） | 九 |
| 雅俗 | 門九（男性性器官） | Q |
| 雅俗 | 門能（男性性器官） | L |
| 雅俗 | 一碌門七門九 | 1679 |
| 雅俗 | 侮辱用語（粗口） | X |
| 雅俗 | 侮辱用語（粗口） | 嘟 |
| 雅俗 | 豬腎 | 豬腰 |
| 運勢 | 生病 | 唔舒服 |

| 運勢 | 空置單位 | 吉宅 |
|---|---|---|
| 運勢 | 單位或舖位交易時已無人居住或營運 | 交吉 |
| 運勢 | 沒人的空車 | 吉車 |
| 運勢 | 丟空 | 吉咗 |
| 運勢 | 空的水樽 | 吉樽 |
| 運勢 | 胸口 | 心口 |
| 運勢 | 兇 | 惡 |
| 運勢 | 形容兇惡的人 | （咁）好惡 |
| 運勢 | 桅（ngai4）杆 | 桅（wai4）杆 |
| 運勢 | 船帆 | 船艃 |
| 運勢 | 傘 | 遮 |
| 運勢 | 梨 | - |
| 運勢 | 分梨 | - |
| 運勢 | 切梨 | - |
| 運勢 | 下降 | - |
| 運勢 | 淡靜 | - |
| 運勢 | 淡菜 | 旺菜 |
| 運勢 | 苦澀 | - |
| 運勢 | 鞋 | - |
| 運勢 | 竹杠 | 竹昇 |
| 運勢 | 竹杠麵 | 竹昇麵 |
| 錢財 | 食（sik6） | 喫（jaak3） |
| 錢財 | 食（sik6）飯 | 喫飯 |
| 錢財 | 長衣（ji1） | 長進 |

| 錢財 | 書 (syu1) | 勝 |
|------|-----------|------|
| 錢財 | 乾 | - |
| 錢財 | 倒米 | - |
| 錢財 | 粥 | - |
| 錢財 | 伯母 | 百有 |
| 錢財 | 肝 | 膶 |
| 錢財 | 鵝肝 | 鵝膶 |
| 錢財 | 豬肝 | 豬膶 |
| 錢財 | 豆腐乾 | 豆腐膶 |
| 錢財 | 乾 | 勝 |
| 錢財 | 乾杯 | 飲勝 |
| 錢財 | 飲乾 | 飲勝 |

# 3. 問卷調查

香港理工大學碩士研究計劃

## 「有關香港粵語忌諱」問卷調查 2021

香港理工大學碩士研究計劃王晉熙先生正進行一項關於香港粵語忌諱的研究，對象為 18 歲或以上並操粵語的香港居民，誠邀閣下參與本研究。

本問卷內容需填寫部分個人資料，回答關於你對語言忌諱的認知、使用現況和承傳的問題，需時約 2 分鐘。有關參加者所有資料均絕對保密，並且全不記名。

---

## 一、個人資料

1. **年齡**　□ 18-30 歲　□ 31-40 歲　□ 41-50 歲　□ 50 歲以上

2. **性別**　□男　□女

3. **職業**

　　□受僱工作，請列明行業：＿＿＿＿＿＿＿＿

　　□自僱，請列明行業：＿＿＿＿＿＿＿＿＿

　　□全職照顧家庭　　□學生

　　□待業／失業　　　□退休

## 二、語言忌諱的認知

1. 請根據你的情況，選擇出最合適的答案和頻密程度。

   A. 生死類

   如以「大肚」表示「懷孕」；「行開咗」替「死亡」，或因為忌諱而盡量不提及

   B. 鬼神類

   如以「污糟嘢」或「嗰啲嘢」代替「鬼」或「靈體」，或因為忌諱而盡量不提及

   C. 階層類

   如為下一代取名時會避開尊長的名字，以示尊重；對尊長加上「尊稱」及「敬稱」

   D. 雅俗類

   避開「性器官」、「性」、「排出物」、「廁所」、「粗口」等主題及用語或以委婉字代替，如以「下身」、「下體」表示「性器官」；「洗手間」表示「廁所」

   E. 運勢類

   如以「唔舒服」代替表示「生病」或「病咗」；以「吉」字代替「空」；以「竹昇」代替「竹杠」，或因為忌諱而盡量不提及「不如意」之事

   F. 錢財類

   如以「飲勝」代替表示「飲乾」；以「豬膶」代替「豬肝」；忌諱「窮」而不提及相關主題及字詞

1a. 你曾否聽過／認識下列各類別的語言忌諱？（全部沒有跳至 Q3）

    A. 生死類　　□沒有　□有

    B. 鬼神類　　□沒有　□有

    C. 階層類　　□沒有　□有

    D. 雅俗類　　□沒有　□有

    E. 運勢類　　□沒有　□有

    F. 錢財類　　□沒有　□有

1b. 你有多常遵守下列不同類別的語言忌諱？

    A. 生死類　　□從不　□偶爾　□有時　□經常　□總是

    B. 鬼神類　　□從不　□偶爾　□有時　□經常　□總是

    C. 階層類　　□從不　□偶爾　□有時　□經常　□總是

    D. 雅俗類　　□從不　□偶爾　□有時　□經常　□總是

    E. 運勢類　　□從不　□偶爾　□有時　□經常　□總是

    F. 錢財類　　□從不　□偶爾　□有時　□經常　□總是

2. 你從甚麼途徑得知以上提及的語言忌諱類別？（可選多於一個答案）

    □家人／親戚　□老師　□社交平台　□朋友

    □其它：＿＿＿＿＿＿＿＿

3. 你（過往）從事的行業有沒有語言忌諱？

　　☐沒有　☐有，請列明：＿＿＿＿＿＿＿＿

## 三、使用現況

1. 請根據以下句子，回答你對這些句子的同意程度。

我遵守語言忌諱是因為行業慣性

☐很不同意　☐不同意　☐中立　☐同意　☐很同意

我遵守語言忌諱是因為認為犯了忌諱會招來神靈不悅

☐很不同意　☐不同意　☐中立　☐同意　☐很同意

我遵守語言忌諱是因為認為犯了忌諱會招來不幸

☐很不同意　☐不同意　☐中立　☐同意　☐很同意

我遵守語言忌諱是因為禮貌，不想引起別人的不快

☐很不同意　☐不同意　☐中立　☐同意　☐很同意

我沒有刻意遵守語言忌諱，只是習慣使用該些字詞

☐很不同意　☐不同意　☐中立　☐同意　☐很同意

我完全沒有遵守語言忌諱

☐很不同意　☐不同意　☐中立　☐同意　☐很同意

2. 請問你對以下俗語有多大程度同意？

「寧可信其有，不可信其無」

☐很不同意　☐不同意　☐中立　☐同意　☐很同意

「拜得神多，自有神庇佑」

☐很不同意　☐不同意　☐中立　☐同意　☐很同意

「崩口人前忌食崩口碗」

☐很不同意　☐不同意　☐中立　☐同意　☐很同意

3. 請問你在日常口語中有多常用到「鬼」、「死」字？（如：「好鬼死抵死」、「好鬼好笑」）（如選擇從不跳至Q5）

☐從不　☐偶爾　☐有時　☐經常　☐總是

4. 承上題，使用原因：（可選多於一個答案）

☐有趣　☐咒罵別人　☐慣性　☐其他：＿＿＿＿＿＿＿

5. 你有多常在以下場合遵守語言忌諱？

| | | | | | |
|---|---|---|---|---|---|
| 靈堂 | ☐從不 | ☐偶爾 | ☐有時 | ☐經常 | ☐總是 |
| 醫院 | ☐從不 | ☐偶爾 | ☐有時 | ☐經常 | ☐總是 |
| 喜慶 | ☐從不 | ☐偶爾 | ☐有時 | ☐經常 | ☐總是 |
| 工作時 | ☐從不 | ☐偶爾 | ☐有時 | ☐經常 | ☐總是 |
| 在長輩面前 | ☐從不 | ☐偶爾 | ☐有時 | ☐經常 | ☐總是 |
| 在朋輩面前 | ☐從不 | ☐偶爾 | ☐有時 | ☐經常 | ☐總是 |

## 四、語言忌諱的承傳

1. 請根據你的情況，選出合適的答案。

   父母曾教過你有關粵語語言忌諱的知識？　□沒有　□有

   老師曾教過你有關粵語語言忌諱的知識？　□沒有　□有

   你曾否因觸犯語言忌諱而受到責備？　　　□沒有　□有

   你曾否因觸犯語言忌諱而受到體罰？　　　□沒有　□有

2. 你（將來）會否向子女教授粵語語言忌諱的知識嗎？

   □不會　□會

# 4. 訪問筆錄

## 4.1 筆錄——糧油雜貨界別訪問

受訪者姓名：李豐年先生
背景：通泰行有限公司 – 港九罐頭洋酒伙食行商會負責人
受訪日期：2021 年 4 月 5 日

**問：請問行業會唔會有咩忌諱詞？**

　　例如好似數字咁樣，其實以我所知有啲唔同嘅行頭都有佢哋自己數字嘅暗話，例如好似話我唔記得呢件嘢幾多錢，咁我就會問啲同事，但好多時候佢哋係唔會直接講界我聽幾多錢嘅，佢係會講啲暗話嘅。

　　我都係聽我上一輩講嘅，依家都好耐冇人用。另一個例子就係我阿媽用嘅，佢以前有間鞋店嘅，佢而家都間中有講……就唔係應用喺生意上，言行之間呢就教過我，例如界貼士，我會問佢界幾多，佢就會講個暗話界我聽。咁我都印證過嘅，曾經去波鞋街嗰時，都聽到啲人會講暗話，不過街外人會唔識聽，但其實佢哋係傾緊計。

**問：記唔記得大概有啲咩？**

　　我其實好簡單嘅啫你完全估唔到㗎例如鞋舖例如1234，就會係「丁 元 王 叉 子 共 廿 分 尤」，呢個就係

123456789，咁例如一蚊就會講「丁」，十蚊就會講「丁銀」。咁有時夥計唔記得價錢，咁就會問老闆幾多錢嗰時用，呢個係其中一個暗語，都至少 20 年前㗎喇。

**問：想問鞋店喺新年係咪都保留咗唔開門？**

我睇……新嘅無㗎啦，但以往絕對有，以往一般鞋店淨係做到年三十晚，咁新年嗰頭就好少人買鞋，因為始終「鞋鞋」聲，唔好聽，即係好似嘆氣咁，所以變咗呢……我記得以前會去鞋店幫手，都有 30 幾 40 年前，我哋年三十晚會去幫手，就真係好多人買鞋，嗰時係可以做到 12 點幾，好多人嚟買鞋。因為以前有個習俗，因為始終八十年代啱啱起飛，啲人都唔算好富有，一般都係要等聖誕、新年呢啲大節日先會買新嘢，所以好多時阿爸阿媽一到新年前就會帶細路去買嘢，新年要著新鞋、新衫、新褲，全部都要新嘅，所以以前都有個傳統就係新年要買晒所有嘢，新年後呢大部分嘅舖頭都唔開，就唔同而家新年同唔新年無太大分別。

又講返另外少少，例如呢度海味舖，海味街所有舖頭都係初七先開舖，一過年嗰時就死城咁嘅，全部舖頭都掛住初七啟市，不過依家就少咗啦。我哋米行都係嘅，到目前為止都係初八啟市，全行嘅米行同埋進口商都係初八先啟市嘅。不過依家啲行規呢就越來越少㗎喇。

**問：係咪後生嗰輩就無咁多棹忌，或者唔係好跟，同埋初八啟市會唔會有乜原因？**

其實呢以前啲人呢就好勤力嘅例如我哋公司咁樣，以前係朝頭早返工之後係夜晚 9 點 10 點先放工依個就即係以前香港五、六十年代所講嘅人浮於事真係會手停口停，不過依家就冇呢一回事。時代變啦……咁會見到其實好多嘢都變緊嘅。咁又好多舊傳統舊習俗都變緊嘅，例如好多舊嘅廣東話都消失㗎喇，例如依家現代人係少講咗歇後語，以前會講好多嘅，可能因為好玩啦。咁有好多詞語都變緊嘅例如依家好少會講「細路哥」，會變咗做「小朋友」，「姑娘」更加少，我哋依家都仲有啲夥計會叫做姑娘嘅，因為以前「姑娘」同「小姐」係有分別嘅，因為以前小姐呢就係大家閨秀，就唔可以隨便一個女性呢都叫佢做小姐嘅，官宦之家先可以叫做小姐，所以一般都叫姑娘。如果講語言嘅話呢我哋就會見到呢一個變化喺度，已經無人講姑娘。

**問：咁有一種罐頭叫蠔豉，但就叫淡菜。有啲人會叫淡菜做旺菜，背後有咩原因？**

咁淡菜呢就係一個別名嚟嘅，咁旺菜呢就會係福建人同埋台灣人講嘅，都係別名嚟嘅因為福建人同台灣人呢就好鐘意個「旺」字，都係想攞個意頭嘅，咁你淡菜同旺菜，好自然會攞個旺字啦，尤其台灣人好鐘意個「旺」字，例如會有種水果叫做旺來。

即係好似絲瓜、輸瓜我哋會叫佢做勝瓜，咁另外仲有通書啦，我哋就唔會叫佢通書嘅，我哋會叫佢通勝，因為香港人啦廣東人就唔鐘意個輸字，所以就會叫佢通勝。呢啲就忌諱啦。仲有豬血豬紅其實個原理都一樣嘅，咁其實呢香港都會有人叫鴨血做鴨紅，不過就個流行程度冇豬紅咁高。

## 問：以前成日會講倒米唔好意頭，想問米行係咪特別信？

其實我覺得忌諱呢方面依家已經少，可能上一代無傳承、無教畀呢一代，倒米，即係倒轉米袋呢喺我哋呢行就唔覺有呢個忌諱，不過喺家庭式經營嘅就可能會有，但我哋行業就無，因為家庭式就好棹忌倒米，唔好聽，就唔會將米缸倒轉。但我哋業內就唔會接觸到米缸，會成袋米拓，不過都會有服務係拆分啲米倒落米缸，但我哋唔係倒轉米缸，雖然都係將米倒落去，但我哋要營運，就唔會忌諱。但如果家庭就會教要珍惜米，就教唔可以倒米。不過好多以前會忌諱嘅嘢依家都無咗，相對嚟講唔會再咁介意，例如新年唔好掃地啊，呢啲都無乜。

## 問：你呢個行業算唔算保留得比較多？

我哋算保留得比較多，但隨住開放，好多嘢流失咗。例如自從 03 年，政府將成個進口米制度開放咗畀任何人都可以申請做米商，開放咗之後，對我哋米行傳統翻天覆地。例如以前銷售部嘅帳簿，全部都係會用毛筆字寫、用

花碼，就會初八開盤，咁每年開盤第一日呢都會用紅色嘅紙嘅，咁就攞返個意頭啦，都可以話係忌諱嘅。不過呢啲文化上嘅嘢好多都已經消失，全部變晒數碼，開盤都唔多，都係得返 6、7 間開盤。

咁以前開價嗰陣時呢，就會用布揸手嘅，有啲手勢，喺塊布下面呢就做手勢，講價，其他人就唔知。咁我同你出完價之後呢，咁就會換做同第二個人喺塊布下面再出。個賣手就會記得晒大家啲價錢，就扑鎚。不過依家塊布就已經冇咗喋啦，就用密底算盤，咁算盤有一邊呢就會有塊板呢封住咗嘅，就得傾價個兩個人睇到。不過依啲呢就唔係話要忌諱個諧音或者意頭，而係忌諱畀人知道。

同埋以前呢我哋就會掛燈籠啦，新年前如果收晒數呢，就可以掛一盞舊式燈籠喺門口嗰度，就代表你間公司好威啦因為你收齊晒數，因為以前呢我哋米行呢就唔想砸數過年嘅，呢個就好棹忌嘅。

**問：幾時開始編通勝？**

呢本書都十幾年前，佢有幾個意義，第一個意義就係香港冇幾多間公司會用農民曆去寫，我哋都係以生意人，會用生意角度出發，切合咗好多人迷信嘅心態、想知運程嘅心態，所以佢每年都會追住你嚟攞（通勝），因為佢想知。因為以前啲人文化水平低，所以本通勝呢其實係會畀到好多知識你嘅，將中國國內文化、底蘊，希望可以廣傳開去。

**問：咁你哋會唔會都睇通勝？**

　　好老實講，咁我自己呢就唔會太迷信嘅，但我亦都會去參考嘅，我自己覺得我哋唔需要太迷信，但如果有啲嘢係本通勝、通書可以提點到你嘅，都可以去作為一個參考。咁例如我哋做米嘅，咁農作物就對個收成好緊要嘅，收成就影響你供求，供求就影響貨價。咁所以我有陣時都會去睇吓本通勝講吓嗰年啲雨水、收成，咁如果嗰年講話收成會唔好，咁我就會小心啲，因為收成唔好就可能令米價貴咗，可能就會令我早啲入貨、可能就會有影響到我嘅決定。咁如果佢寫話收成好，即係貨源充足。咁我就唔使買咁多貨，咁呢啲就好實際影響到個生意決定嘅。不過依家都少咗，主要係無乜人教你會點睇。

## 4.2 筆錄──婚禮統籌界別訪問

受訪者姓名：譚海祥先生
背景：One And Only Wedding 負責人
受訪日期：2021 年 4 月 14 日

**問：講完之後你覺得會發生，即係講果樣就衰果樣，咁有
　　咩行業一定會中呢，就想問你個行有無啲一定唔講
　　得？**

　　有啲係大家都知道一定唔講得㗎啦，嗰種 common 係
任何一個人基本上都 expect 唔會喺嗰個位出現，即係大人
至細路仔、傳統至後生，包括啲咩呢？「下次」，因為你
結婚唔會有下一次㗎嘛，係得今次嘅啫，第二個就係「死」
嗰啲，因為死係好容易踩界，例如「開心死」啦，咁其實
佢都係想講開心㗎嘛，但你唔會加個死字做助語詞㗎嘛，
有時有啲人會中招嘅，咁我自己就會識避，有時包括啲主
人家都會講咗嘅，咁係咪一定唔得呢？但我哋做就一定唔
得囉。咁講「下次」其實可以延伸少少，打個比喻，可能
係有人上台唱歌，好似之前阿 Bob 咪畀人玩嘅，跟住整蠱
佢，係一個好惡搞嘅婚禮，咁李思捷上台唱歌，祝對新人
「年年有今日」，正路呢個係祝福㗎喇嘛，我哋生日會祝
人「年年有今日」，開心㗎嘛，但結婚就唔得啦。就會有
呢啲介乎係祝福語，但係呢個場合底下成為咗一個禁忌，
所以「下次」同呢個「年年有今日」係有啲似嘅。Let say
你生日講「下次見」，你一定係開心㗎，本身係開心嘢㗎，

「年年有今日」都係，但結婚呢啲一生人一次。其實好多人會中，包括新郎都會中，新郎試過上台講多謝說話，就話「今次我知道好多嘢都做得唔好，『下次』……」跟住佢知自己瀨咗嘢啦，我就會幫佢兜。就會出現呢啲情況，其實佢自己真係唔知，正常喜慶嘢，你唔會諗到呢啲正常講嘅字眼呢啲情況唔講得。呢啲就係最 common，咁例如仲有「分開」啊，大家會聯想到去分手啊，咁婚禮咩情況會講「分開」呢，例如係「兩邊人分開先」。

**問：咁有咩情況真係會用呢？**

例如影相、安排上，會講「借開小小、分開小小」。

**問：咁會點樣避用呢啲字眼，假設想講分開。**

「呢邊嘅朋友過一過去嗰邊」，會避咗個字，用另一個 term 講返個件事出嚟。

**問：咁如果新郎講錯嘢呢？會點兜？**

如啱啱嗰件事新郎講咗下次，咁我哋就會即刻開咪幫佢兜，「新郎我都知你心急喫啦，咁快諗埋下次餐滿月酒」咁樣，呢啲係佢哋諗唔到，不過真係會發生，跟住仲有可能老派小小，例如話杯茶跌咗落地，我哋就會講嗰啲最老套嘅「落地開花，富貴榮華」，不過依家斟茶嘅地方多數都唔太高，就算喺酒樓都有地墊墊住，基本上杯茶就唔會崩，咁但係跌咗落地，都係要講嘅嘢去兜喫啦。

**問：會唔會覺得唔老黎？**

呢個都有啲世代之爭嘅，我覺得老人家就唔係個個都concern，後生更加唔會啦，可能真係好老嗰啲先會。咁咁多年都係試過一次㗎啫，杯茶跌咗落地。又或者係有啲嘢臨咗落嚟，不過呢個就唔係語言禁忌。「下次」之餘，類似嘅有「最後」，「最後」、「完咗啊」有啲人會覺得係婚姻完結，不過呢個都唔係個個行家都concern，新人都唔concern，有啲行家揸咪，佢唔會講ending，唔會講「最後」呢啲字眼，因為覺得唔老黎。

**問：而家仲多唔多人睇通勝擇日子？**

睇通勝或者搵師傅擇日子，我哋都會介紹人，不過多數新人自己搵，因為多數concern日子嘅都係老人家，後生嘅就無乜所謂。

擇日呢方面都係會有嘅，後生嘅都會驚啲老人家唔高興。

**問：咁擇日有冇講法會係「四」字唔得？**

呢個就另一個啦，首先就係枱號唔會有四字啦，「4」、「14」至到「40」幾嗰啲字頭都唔會出現。又唔係個個婚禮都會去到「40」嗰啲無晒，多數擺酒樓嗰啲就會concern嘅，我都唔知係關酒樓事，定係擺親酒樓嘅人通常係相對貼地、傳統啲，咁酒店嗰啲好似都無乜所謂，「4」、

「14」都係會走，但大場嘅酒店都無乜聽過會走「40」字頭嘅啲。

**問：會唔會係文化唔同咗？會唔會好明顯係現代咗？**

　　我覺得都有少少關係嘅，可能係啲家長開通咗，或者係關約定俗成有關。即係「4」、「14」就係「死」、「實死」咁，咁但係「四叔上枱飲茶啦」，你唔會四叔避咗佢叫二叔㗎嘛，所以我就會覺得「4」、「14」呢個就真係關約定俗成多啲啦。

## 4.3 筆錄——醫護界別訪問

受訪者姓名：匿名
背景：香港公立醫院護士
受訪日期：2021 年 2 月 20 日

**問：想問你嗰行有無啲一定唔講得或者唔做得？**

紅豆沙夜晚唔可以食，因為紅豆沙就似血，就代表你嗰晚一定血光之災，即係你會忙得好緊要，所以無得食紅豆沙，一係輸血、一係噴血，所以就有依個禁忌。

如果包緊屍期間，就唔可以講對方嘅名，因為你會迷信地覺得死咗之後個靈魂會喺度，你叫啲名個靈魂就會纏住你嗌名嗰個人。所以包緊屍就千祈唔好嗌你 partner 個名。即係唔好「（人名），你幫我攞件衫過嚟」，咁就唔得嘅。

**問：「1314」、「死」係咪好忌諱？**

仲有啲唔係好通用嘅禁忌，就好似我私家病房咁樣，我啲床頭好特別，會係 11、12 號床，之後就 15、16 號，因為「13」、「14」唔老黎。同樣地都唔會有「4」同「24」號，呢啲 number 上嘅禁忌。仲有嗌人個朵，例如你啱啱入職唔識啲人嘅話，就唔好有理無理就嗌大啲諗住實無死，例如「喂經理」見到個老屎忽嘅就嗌經理以為實無死，點知嗰個係個護士長想升經理。升唔到，之後就畀人

鬧。仲有啲 term 我哋會美化咗，例如包屍我哋會叫「包糖」。仲有個病人死咗，會有啲運輸隊會捧住個鐵箱嚟裝住條屍推走佢，我哋會叫嗰架車做「勞斯萊斯」。同埋有屍路過我哋會拉埋病人啲簾等佢哋見唔到。後生仔都唔會叫「麥麥送」，因為「麥麥送」好似「密密送病人上病房」同「密密幫病人送終」。

同埋好迷信，未必關語言事，但我哋好棹忌嗰種邪念，即係你唔可以話自己好得閒，你唔可以話自己無嘢做，你一日未收工你唔可以話呢晚係平安，總之好迷信，會覺得講咗係出事嘅。

仲有殮房通常都會設置喺地底，舊式嘅設計。我唔知 exactly 太高定係咩，通常都會設計喺地底。始終都係陰啲，屍體要擺陰間、唔可以擺陽間，我唔太 sure 係咪咁解，總之通常舊式停屍間都會擺地底，但依家新式開始陸續都唔會咁樣擺。

**問：仲有無咩特別要小心？**

仲有啲你唔好亂嗌，又係私家特別多，即係你唔好見到病人隔離有條女，個條女後生過你，你唔好問「係咪你個女」，可能係佢老婆。同樣地，如果佢好似老夫老妻咁同樣年紀，你都唔好話呢個係老婆，可能二奶嚟嘅。呢啲要小心囉，好棹忌嘅喺呢啲有錢地方，總之病人家屬你就唔好亂嗌囉。同埋就唔好話咩「再見」、「遲啲見」，

有啲人都唔鐘意。同埋我哋新年祝福都好搞笑，平時祝人「一本萬利」，我哋就會祝人生意淡薄，即係唔駛收症咁。

咁同埋有啲傳說就話啲轆係會壞，或者啲儀器會喺啲緊急嘅時候壞，或者返工放工就會壞，最常見就係轆，撳極閂閂佢都唔閂，踢佢都唔郁，有啲同事就會教你講話「唔好意思啊我趕住去返工救人啊，唔好玩啦」，咁佢就會正常返㗎喇。亦都有啲話啲阿伯會同你講見到個天花板有啲小朋友喺度嘻嘻哈哈，又或者嚇你背脊有人，就會驚夜晚有人同你講你背脊多咗條友。

仲有啲就係，如果嗰個係麻醉師，即係幫你落麻醉嗰啲呢，你唔可以叫佢麻醉師，要叫佢醫生。因為佢哋好棹忌佢哋覺得自己都係醫生嚟，咁佢哋其實都係嘅因為佢哋 title 都係叫 Dr，不過大家叫慣 Anest／麻師，所以啲同事有時口快快叫錯，老一輩嘅會黑你臉，因為佢哋係醫生。

咁同埋逢親個「死」字都唔可以亂同 patient 講。我哋試過有個 case，佢痛得好緊要喫啦，自己本身都係醫生嚟，佢知個病係死緊無得醫，但佢就好棹忌，咁我同事又衰多口講句「喂！你痛你出聲吖嘛，我哋有藥畀你，你唔好死頂啦」，講咗個「死」字，跟住個 case 發癲「邊個話我死啊？」「你邊隻眼見我死緊啊？」

咁同埋如果佢哋開新病房或者新裝修，就會拜燒豬，捧住燒豬拜四角、周圍行周圍拜，之後食咗佢，就唔關講嘢或者禁忌事，就迷信啦。

## 4.4 筆錄——金融界別訪問

受訪者姓名：匿名
背景：香港基金經理
受訪日期：2021 年 2 月 20 日

**問：你呢行係咪好多嘢唔講得？**

　　第一呢，通常就係會講「恭喜發財」，就唔會講……譬如「萬事大吉」啦，因為驚係「得個吉」嘛。呢個第一啦，咁恭喜發財就會比較易啲唔會「瀨嘢」囉。咁之後第二個比較舊少少就係「財源廣進」，因為「財源」個諧音就係「裁員」，咁冇人會想裁員㗎嘛，「財源（裁員）滾滾」就仲大鑊，冚唪唥都裁晒，咁所以通常都唔會講呢啲，通常會講啲咩「步步高陞」咁樣囉。

　　第二，有關啲嘅就係唔會講「新年快樂」，因為就唔係好鐘意個「樂（落）」字，「快樂（落）快樂（落）」……雖然（股票）唔係話一定要睇好先賺錢嘅，但大部分人都唔係好鐘意聽到呢啲嘢，尤其是如果散戶多啲啲，即係可能見到啲客呢，啲客唔係好知你做咩，大部分應該都係買上唔會買跌，所以就唔係好鐘意「跌」，咪唔鐘意「落」囉，咁所以就會講「新年進步」呢啲。

**問：特別有關錢嘅忌諱係咪好多？**

　　跟住呢，可能唔會講「食粥」，因為「食粥」、「（煲）

冇米粥」呢啲，即係等到頸都長都炒唔起先會食粥。咁要「得米」呀嘛，所以啲人會食飯，咁所以會講「食飯」、「去邊度食飯」，就唔會講「去邊度食粥」，類似係咁。

第三樣嘢，可能嗰啲數字，可能特別係──其他都係咁樣──「四」字啲人唔 like（喜歡）嘅，咁所以會避免講個「四」字。「八」字啲人就比較鐘意，其他嗰啲呢，啲人可能覺得「六」字都 OK，但係呢啲就少聽見啲，「四」字同「八」字就最 typical，聽得比較多啲。

同埋有啲人都咁講嘅，呢個就係完全冇科學根據啦，但係好多人都咁講，覺得可能啲股票係個「四／4」字頭，即係可能收盤收市價就唔會係 $34.4 咁樣囉，咁可能就會 mark 到去 $34.8，即係唔會係「四／4」字尾。咁有啲人就話，可能升到上四十幾蚊，就會快啲跌返去三十幾蚊，或者升返上去五十幾蚊，就會比較短啲嘅時間會喺四十幾蚊，有啲人都會咁樣講，咁所以就唔係咁鐘意個「四／4」字，咁呢個都係一樣嘢嚟嘅。

同埋第四樣就係，（啲人）唔太鐘意啲「跌」字。但係咁（股票）總會有跌（嘅時候）㗎嘛，通常啲人有好多講法，譬如會話可能係一個「低位震蕩」，但佢可能跌咗十幾個 percent；又或者會話可能佢有一個「回調」，成日都會講有「技術性調整」、「有啲調整」、有啲「回調」，但佢其實係跌啦，好明顯係跌咗啦，咁可能佢唔會就咁講佢「跌」囉。

咁同埋可能會講「反／返紅」同「反／返綠」嘅，呢個可能就大陸多啲人鐘意講。呢個我要查一查。因為香港升呢就係……應該一個（大陸）係「升紅跌綠」，咁大陸同香港就啱啱調轉，（香港係）「升綠跌紅」，咁個意思就係，佢升嘅時候就綠色，跌嘅時候就紅色。咁所以佢哋亦都唔會話「跌咗」或者「綠咗」（表示）股市嗰個漲跌嘅顏色。香港就係跟國際其他地方，升就係綠色，跌就係紅色；大陸就調返轉嘅，升就係紅色，跌就係綠色。咁所以佢如果先跌咗好多跟住升返上去，可能大陸嗰啲人就會講話佢「反／返紅」，就唔會話「佢升返轉頭啦」。可能其實（最終）都係輸、可能都係跌嘅，但個意思係「啱啱轉勢」，佢就唔會講「轉勢」，可能會講「反／返紅」，咁可能佢覺得好聽啲，變返紅色嘅意思，「反／返紅啦，反／返紅啦」咁樣囉。

　　同埋有啲我唔知佢算唔算、忌唔忌諱啦，因為佢其實有好多變化嘅，尤其是係「跌」，根本其實諱咗「跌」嗰個位，但其實有好多變化嘅。譬如佢有好多……有啲股票可能大跌咗好多，咁佢可能會話「高位派貨」，即係佢用啲 concept 轉一轉但其實都係嗰個意思，但就係要轉一轉，我唔知呢啲算唔算忌諱啦。

　　咁同埋有啲嘢可能係，譬如話，要「止損」，要 cut loss 啦，咁有啲人可能講係「平倉」，但其實賺緊錢都可以係「平倉」，平倉只係 close out 個 position，咁英文就會 clear 啲嘅，但譬如你跌咗 10% 或者跌咗一半，你可以話界

人「被迫平倉」，咁又可以係平倉，但其實升咗 10% 你都可以話自己而家平倉，咁所以其實有啲模糊咗「跌」嗰個位同感覺。咁譬如話「止損」，你一定係「損」，咁你直情係輸，咁但係「平倉」未必一定係輸，我聽到好多都係咁樣講。咁但係「清倉」呢個就負面啲，我自己覺得。咁但係清倉都可以因為係你覺得會大跌先清倉，但係你都未必一定係損，但係如果你話「止損」、「止蝕」，咁呢啲就肯定係損。

你講講下其實應該仲有，因為其實根本最驚都係跌。即係大部分——其實你可以睇跌嘅——大部分啦，我呢邊有數據，但大部分人就睇升多嘅，所以「跌」嗰個 variation 好大。譬如仲有個就係「風險」，成日都講「咩咩風險」。例如話佢（隻股票）跌好多，或者（啲人）覺得佢會跌好多，你問啲股評人會唔會對呢隻好有信心呀，咁佢可能啱啱界老美制裁，佢覺得會跌，但佢唔會話佢覺得「呢隻未來三個月會跌好多」、「跌 10%」咁樣，佢會話「覺得未來有回調風險」，個風險可能就係面對乜乜乜。佢一定會用「風險」個 concept 去包，呢隻有呢個風險、嗰隻有嗰個風險、呢個有「流動性風險」，所以佢就有「下行壓力」喇。即係有個「風險」、跟住有個「壓力」……咁其實講咩呢，就係跌囉，就係「我覺得佢會跌」。但佢又唔會講「跌」，佢就會講呢啲。

另一樣嘢就係，呢個就係散戶嘅角度，就係嗰個……譬如話佢跌咗落嚟，我用 100 蚊買滙豐，而家得返 50 蚊，

咁佢唔會話「我已經輸咗 50 蚊」，咁佢唔會講「輸」嗰啲，可能佢會話而家仲係「蟹貨」、仲係「坐艇」呀、仲係喺「水底」呀、「仲未浮返上水面」呀呢啲囉，就唔會話其實我而家……應該最準確嘅講法係，未實現嘅盈虧係負數或者負 50%，咁但係佢哋就唔會講呢啲嘢。

「四廿八」嗰啲完全勁信呀，我覺得，尤其是係散戶，同啲機構，或者讀多少少呢啲嘢，或者對個 market 耐啲嘅就會好啲嘅，但係啲散戶或者老行家都幾介懷呢啲嘢，唔會講呢啲嘢，尤其是「新年快樂」呢啲真係唔會同人講。

因為升跌呢啲嘢其實仲有啲 x factor，即係覺得係一啲好難解釋嘅因素，啲人就會有少少迷信──都唔係少少，其實係好多。同埋呢期鐘意講──有啲係大陸演變過嚟嘅字，譬如咩「市夢率」呀，啲人話係發夢先會有咁貴嘅價錢，佢覺得個股票嘅價格係「癲咗線」。因為正常市盈率係個價錢除以盈利，咁如果個價錢係大到不得了，咁個市盈率咪大到不得了；咁如果個市盈率大到不得了，咁啲人就會話直情係「市夢率」，發夢先會有咁嘅價錢畀到佢，覺得係唔講業績，完全唔睇公司嘅質素，總之就炒到癲晒。

**問：後生同前輩有無分別？**

我覺得後生一輩又唔會話好介懷，但係都唔會話完全講呢啲，又或者講嚟係 for fun，「你有冇蟹」之類。即係「蟹貨」呢啲其實都仲有講，但係我諗禁忌意思少咗啲

嘅，唔係話真係避開唔講跌嘅，但都唔會特別想提，但可能係講慣咗啦，我唔知點啦。即係佢會話「唔好畀人綁住」呢啲，都會有講嘅，好後生嘅都會講呢啲，「坐緊貨位水底」、「水底」呢啲都好多人講。

但可能後生嗰啲呢，有時會將啲唔好呀忌諱呀呢啲轉個模式。譬如佢跌咗好多，呢排就會講隻股票「打咗折」，畀咗個 discount 你去賣，有啲扭曲咗佢嘅成份。或者啲 marketing 友有啲係咁樣，即係明明嗰樣嘢好衰、跌咗好多，可能跌咗 30%，就話呢個係「減價股」、「超級優惠」、「優惠股」、「畀你儲貨」，類似係咁樣，話「打折」呀，打咗個六折畀你，咁樣去做宣傳囉，因為佢有啲宣傳嘅 poster 係咁寫。

同埋有一個就調返轉嘅，我唔知有冇用，就係好鐘意講「利是」，即係譬如話可能要揀一隻會升嘅股票，佢哋會話「有隻利是股送畀你」，類似咁樣。其實係話會升，但又唔會講得好實，因為其實有可能驚佢如果唔升，佢個壓力大，佢就會話係「利是股」咁樣。

# 5. 相片集

皇牌焗飯

式茄蓉焗牛脷 / 牛扒
d Ox Tongue or Steak in Tomato Sauce

懷舊焗厚切豬扒 $70
Baked Thick-cut Pork Chop

意式茄蓉焗肉醬 / 雞扒 $68
Baked Bolognese or Baked Chicken Steak in Tomato Sauce

意式茄蓉焗魚柳 $68
Baked Fish Fillet in Tomato Sauce

意式茄蓉焗牛脷 / 牛扒 $72
Baked Ox Tongue or Steak in Tomato Sauce

濃香椰汁焗葡國雞扒 $72
Baked Portuguese Chicken Steak

芝士忌廉粟米焗海鮮 $83
Seafood and Corn in Cream Cheese

黑松露什菌焗豬扒伴 球 $90
Baked Pork Chop King Prawns w/ Truffle & Wild Mushroom

配：飯或意粉（可選咖喱汁、黑椒汁、羅皇白汁） 加配：熱飲+$6 冷飲+$9 特飲+$12
Served w/ Rice or Spaghetti and a Sauce of Your Choice (Curry Sauce) Black Pepper Sauce / Cream Sauce
Additional $6 for Hot Drink, $9 for Cold Drink, $12 for Special Drink

懷舊焗厚切豬扒飯
Baked Thick-cut Pork Chop Rice

「牛脷飯」
九龍餐室（銅鑼灣）
攝於2021年5月27日

全自動遮
$48

防UV遮
$40 $6

「自動遮」
執笠倉（銅鑼灣）
攝於2021年5月27日

「涼瓜」
鵝頸街市（灣仔）
攝於2021年5月27日

「勝瓜」
鵝頸街市（灣仔）
攝於2021年5月27日

「豬潤（膶）條煲」
強記飯店（灣仔）
攝於2021年5月27日

「法國鵝肝」
CitySuper（銅鑼灣）
攝於2021年5月27日

「落石矢」
建築地盤（旺角）
攝於2021年5月10日

「農曆新年」
鞋店（旺角）
攝於2021年2月12日

心口

青瓜

交吉

污糟

竹昇

通勝

# 八、參考資料

大酒店

歡喜

危

飲勝
飲乾

波子

舌

# 中文專書

丁瑜：《她身之欲：珠三角流動人口社群特殊職業研究》，北京：社會科學文獻出版社，2016 年。

汪大昌：《北京方言與文化》，北京：中國國際廣播出版社，2014 年。

李如龍：《漢語方言的比較研究》，北京：商務印書館，2001 年。

李新魁：《廣東的方言》，廣州：廣東人民出版社，1994 年。

李榮：《廣州方言詞典》，南京：江蘇教育出版社，2003 年。

林倫倫：《中國言語禁忌和避諱》，香港：中華書局，1994 年。

周振鶴、游汝傑：《方言與中國文化》，上海：上海人民出版社，1986 年。

陳原：《語言與社會生活——社會語言學》，臺灣：臺灣商務印書館，2001 年。

袁家驊：《漢語方言概要》，北京：文字改革出版社，1960 年。

馬木池、張兆和、黃永豪、廖迪生、劉義章、蔡志祥：《西貢歷史與風物》，香港：西貢區議會，2011 年。

梁慧敏：《正識中文》，香港：三聯書店，2010 年。

梁慧敏：《語文正解》，香港：三聯書店，2015 年。

康寶文、萬波、張詠梅：《語文求真》，香港：三聯書店，2008 年。

張拱貴：《漢語委婉語詞典》，北京：北京語言文化大學出版社，1996 年。

張振興：《方言研究與社會應用》，北京：商務印書館，2013 年。

張勵妍、倪列懷、潘禮美：《香港粵語大詞典》，香港：天地圖書有限公司，2020 年。

彭志銘：《小狗懶擦鞋》，香港：次文化堂，2007 年。

彭志銘：《粵罵詈言》，香港：次文化堂，2009 年。

漢語聖經協會：《聖經》，香港：漢語聖經協會，2011 年。

歐陽覺亞、周無忌、饒秉才：《廣州話俗語詞典》，香港：商務印書館，2009 年。

錢乃榮：《上海方言與文化》，北京：中國國際廣播出版社，2014 年。

羅竹風：《漢語大詞典 2》，香港：三聯書店，1988 年。

羅竹風：《漢語大詞典 12》，香港：三聯書店，1988 年。

# 中文古籍

〔周〕左丘明著，〔唐〕孔穎達疏：《春秋左傳正義》，收錄於李學勤主編《十三經注疏》，北京：北京大學出版社，1999 年。

〔周〕孔子：《禮記》，長春：吉林人民出版社，2006 年。

〔周〕孔子《論語》，西安：陝西人民出版社，1996 年。

〔周〕公羊高：《公羊傳》，收錄於李學勤主編《十三經注疏》，北京：北京大學出版社，1999 年。

〔漢〕司馬遷：《史記》，青海：青海人民出版社，2002 年。

〔漢〕許慎撰，〔清〕段玉裁編注：《說文解字——上》，江蘇：鳳凰出版社，2007 年。

〔漢〕許慎撰，〔清〕段玉裁編注：《說文解字——下》，江蘇：鳳凰出版社，2007 年。

〔晉〕張協：〈七命八首之二〉，收錄於〔南〕蕭統主編《昭明文選》，長春：吉林文史出版社，2007 年。

〔唐〕紀唐夫〈送友人往宜春〉，收錄於〔清〕彭定求等編：《全唐詩 29》，北京：學苑音像出版社，2004 年。

〔唐〕韓愈：〈祭虞部張員外文〉，收錄於〔唐〕韓愈著，〔清〕馬其昶《韓昌黎文集校注》，台北：頂淵文化事業有限公司，2004 年。

〔宋〕佚名：《京本通俗小說》，上海：上海古籍出版社，1988 年。

〔明〕凌夢初：《初刻拍案驚奇》，內蒙古：內蒙古人民出版社，2001 年。

〔清〕曹雪芹：《紅樓夢》，北京：中國戲劇出版社，2002 年。

# 中文期刊論文

王婧：〈普通話和粵語的食物名稱對比〉，《青年文學家》第 5 期（2014 年），頁 112-113。

危丁明：〈香港地區傳統信仰與宗教的世俗化：從廟宇開始〉，《世界宗教研究》第 1c 期（2013 年），頁 49-58。

邱湘雲：〈海陸客家詞彙的趨同趨異表現〉，《臺灣語文研究》第 2 期（2013 年），頁 61-98。

吳楊芝：〈湘西禁忌語研究〉，《雞西大學學報》第 1 期（2013 年），頁 139-140。

李新梅：〈從粵語的諧音特點看廣州文化〉，《深圳職業技術學院學報》第 4 期（2016 年），頁 46-49。

周禮：〈重慶名菜毛血旺〉，《黃河黃土黃種人》第 21 期（2019 年），頁 60。

唐七元：〈從粵語的語音特點看粵語區的諧音文化〉，《廣西大學學報（哲學社會科學版）》第 3 期（2016 年），頁 173-176。

馬晉紅：〈漢英禁忌語的趨同性和差異性〉，《呂梁教育學院學報》第 3 期（2019 年），頁 78-83。

馬晉紅：〈漢英禁忌語特點對照〉，《呂梁教育學院學報》第 4 期（2018 年），頁 135-136。

陳雪：〈漢語禁忌語的規避形式分析〉，《青年文學家》第 2 期（2016 年），頁 135-140。

陳慧：〈基於文化語言學視角的日漢禁忌語比較——以「生・死」禁忌語為例〉，《牡丹江教育學院學報》，第 6 期（2015 年），頁 20-21。

張丹宇、李偉：〈日本人的「四」字忌諱〉，《文教資料》第 3 期（2012 年），頁 39-42。

梁楚琪：〈粵語「鬼」字的隱轉喻認知研究〉，《青年文學家》第 21 期（2019 年），頁 168-169。

張屏生：〈台灣漢語方言中的言語忌諱——以台灣閩南話、客家話、馬祖閩東話和軍話為例〉，《東華中文學報》第 3 期（2009 年），頁 103-118。

彭萍萍：〈跨文化交際視野下的禁忌語〉，《吉林省教育學院學報》第 1 期（2015 年），頁 139-140。

溫昌衍：〈廣東客閩粵方言詈罵語中的詈罵文化〉，《嘉應學院學報（哲學社會科學）》第 1 期（2014 年），頁 5-9。

# 中文論文集論文

丁邦新：〈粵語中一些避諱的詞彙〉，《漢語研究的新貌：方言、語法與文獻——獻給余靄芹教授》（香港：香港中文大學，2016 年），頁 25-29。

邱湘雲：〈委婉語在台灣語言及台灣文學中的表現〉，《第四屆台灣文學與語言國際學術研討會論文集》（台灣：真理大學語文學院，2007 年），頁 2-20。

鄭錦鈿：〈一個水上人家庭的故事——從水上人空間運用的生活文化尋找被遺忘的歷史〉，嶺南大學文化研究系 MCS 年度研討會（2012 年），頁 20。

# 中文學位論文

曾子凡：《香港粵語慣用語研究》，香港：香港大學博士論文，2008 年。

曾嘉欣：《「鬼」字在香港粵語句子中的語法特性》，香港：嶺南大學中文系碩士論文，2010 年。

劉怡君：《現代漢語委婉言語之語用策略及語言形式——以臺灣地區為例》，台北：國立台灣師範大學碩士論文，2006 年。

譚葉娟：《香港粵語委婉語研究》，香港：香港中文大學碩士論文，2010 年。

陳曉彤：《「粵語「鬼」字的語法特性》，香港：香港教育大學學士論文，2017 年。

# 中文政府公文

香港特別行政區土地審裁處：〈根據《2004 年業主與租客（綜合）（修訂）條例》提出申請的通知書〉，2004 年。

香港特別行政區立法會：〈立法會六題：樓宇樓層編號〉，《立法會新聞公報》，2009 年。

香港特別行政區法律改革委員會：〈法律改革委員會發表售樓說明研究報告書〉（法律研究報告），1995 年。

香港特別行政區司法機構：《道路交通（公共服務車輛）規例》，2015 年。

香港特別行政區司法機構：《淫褻及不雅物品管制條例》，2018 年。


# 中文報章雜誌

方向宇：〈三界五行：胎神之說 值得尊重〉，《東方日報》，2016 年 6 月 13 日。

阮家欣：〈張國榮大銀幕經典角色回顧 風華絕代只此一人〉，《明報周刊》，2021 年 4 月 1 日。

林依純：〈恒生銀行博愛堂行政總廚 巧手絕世名菜 驚艷食家舌尖〉，《信報》，2021 年 1 月 19 日。

呂凝敏、蔡正邦：〈人生畢業禮｜幼稚園教師轉行做殯儀師　生死 KOL：從死亡學到珍惜〉，《香港 01》，2020 年 11 月 4 日。

余曉彤：〈蘋果蜜柑車厘子 8 款當造水果選購貼士寓平安健康〉，《香港 01》，2021 年 1 月 30 日。

林建平：〈荷包蛋〉，《星島日報》，2016 年 4 月 19 日。

香港 01 編輯部：〈7 種食物鬧人超傳神　粉腸、蛋散未算狠〉，《香港 01》，2020 年 8 月 22 日。

明報編輯部：〈七仙羽爆劉錫賢有暗病 KB 節目爆粗被罰「七連閃電咀」〉，《明報》，2021 年 9 月 2 日。

明報編輯部：〈「妖怪」中環出沒 陪你歎大師級燒鳥〉，《明報》，2021 年 8 月 7 日。

東網編輯部：〈香港都食到正宗台灣味〉，《東網》，2018 年 7 月 26 日。

東網編輯部：〈阿 Sa 與男友愛巢被刑毀　疑遭粉絲恐嚇放火〉，《東網》，2009 年 3 月 5 日。

馬修‧基岡：〈香港：現代化都市日常生活中的迷信面面觀〉，《英國廣播公司》，2021 年 1 月 14 日。

張子清：〈在上海探病別送蘋果 外地人融入眉角多〉，《中央廣播電台》，2018 年 9 月 14 日。

曹小燕：〈從文化心理角度透視粵語中的禁忌語〉，《中國社會科學報》，2020 年 2 月 14 日。

梁振輝：〈【粵語講呢啲】笨年‧利是逗來‧唔老黎‧大吉利是，踎口水講過‧踎地〉，《文匯報》，2020 年 1 月 21 日。

梁振輝：〈【粵語講呢啲】死亡詞 1：去咗賣鹹鴨蛋〉，《文匯報》，2017 年 4 月 25 日。

梁振輝：〈【粵語講呢啲】死亡詞 2：瓜咗、瓜柴、瓜老襯、冬瓜豆腐〉，《文匯報》，2018 年 1 月 30 日。

梁振輝：〈【粵語講呢啲】死亡詞 4：釘咗、香咗、摺咗、拉柴、冚旗〉，《文匯報》，2018 年 2 月 13 日。

梁煥敏：〈無活豬　深水埗維記豬膶麵周日隨時停　老闆：好頭痕〉，《香港 01》，2019 年 5 月 11 日。

甄挺良：〈邪牌「9413」車牌第六度拍賣　業界：不吉利　或再次被收回〉，《香港 01》，2017 年 8 月 10 日。

經濟一週編輯部：〈如何識別凶宅？〉，《經濟一週》，2020 年 10 月 26 日。

香港經濟日報編輯部：〈怕太長命退休儲蓄唔夠用？年金自製長糧慢慢搣〉，《香港經濟日報》，2021 年 9 月 29 日。

香港經濟日報編輯部：〈觀音開庫禁忌〉，《香港經濟日報》，2018 年 3 月 9 日。

香港經濟日報編輯部：〈90 後殯儀三代談工作怪事：觸碰先人前要通知聲〉，《香港經濟日報》，2017 年 2 月 21 日。

鄭昆侖：〈恒指公司揀股「捉蟲」　或是散戶一條財路〉，《香港 01》，2021 年 9 月 5 日。

蘋果日報編輯部：〈阿澤鄭中基食牛歡喜〉，《蘋果日報》，2017 年 5 月 13 日。

韓詠儀：〈【食物解碼】蟹膏顏色點解有白有橙？雌雄蟹膏有分別！〉，《香港 01》，2017 年 11 月 27 日。

LorLor Lee：〈旺角新開名廚 Ricky 主理川菜餐廳 歎勻酸菜魚／麻辣小龍蝦／毛血旺〉，《港生活》，2020 年 9 月 5 日。

## 中文影視、歌曲資料

作曲：許冠傑，填詞：許冠傑、薛志雄，主唱：許冠傑：《天才與白痴》，收錄於《天才與白痴》（專輯），（香港：寶麗多，1975 年）。

導演：李力持，演出：周星馳、鞏俐、陳百祥《唐伯虎點秋香》（香港：永盛電影製作有限公司，1993 年）。

審訂：粵語協會，製作：佛山電視台《粵講粵過癮》（佛山：佛山電視台，2009 年）。

## 英文專書

Hadumod Bussmann, *Routledge Dictionary of language and linguistics*. London: Routledge, 2006.

James Cook, *The Voyage of the Resolution and Discovery 1776-1780. The Journals of Captain James Cook*. Cambridge: Cambridge University Press, 1967.

Keith Allan and Kate Burridge, *Forbidden Words: Taboo and the Censoring of Language*. Cambridge: Cambridge University Press, 2006.

Keith Allan, *The Oxford Handbook of Taboo Words and Language*. Oxford: Oxford University Press, 2018.

Robert S. Bauer and Paul K. Benedict, *Modern Cantonese Phonology*. Berlin: Mouton De Gruyter, 1997.

Sigmund Freud, *Totem and taboo: some points of agreement between the mental lives of savages and neurotics*. New York: Norton, 1950.

Otto Jespersen, *Language: Its Nature, Development and Origin*. London: George Allen and Unwin, 1922.

Penelope Brown and Stephen C. Levinson, *Politeness. Some Universals in Language Usage*, Cambridge: Cambridge University Press, 1978.

R. W. Holder, *A Dictionary of Euphemisms*. Oxford: Oxford University Press, 1995.

# 英文期刊論文

David C. S. Li, *Linguistic Convergence: Impact of English on Hong Kong Cantonese*, Asian Englishes(1999), pp.5-36.

Eliecer Crespo-Fernández, *Euphemistic Strategies in Politeness and Face Concerns*, Pragmalingüística(2005), pp.77-86.

Huang Hongxu and Tian Guisen, *A Sociolinguistic view of linguistic taboo in Chinese*, International Journal of the Sociology of Language (1990), pp.63-86.

Kingsley Bolton and Christopher Hutton, *Bad and Banned Language: Triad Secret Societies, the Censorship of the Cantonese Vernacular, and Colonial Language Policy in Hong Kong. Language in Society* (1995), pp.159-186.

Loae Fakhri Jdetawy, *A Sociolinguistic View of Euphemism in Arabic and English: a comparative analysis*, International Journal of Development Research (2019), pp. 30835-30826.

# 英文研討會論文

Xiaoyan Cao, *Taboo and Cultural Psychology in Cantonese* Conference: 3rd International Conference on Contemporary Education, Social Sciences and Humanities (July 2018), pp. 774-777.

# 英文學位論文

Tsang, Yuet-ling, *A Comparative Investigation of Attitudes towards Taboo Language in English and Cantonese* (M.A. diss., The University of Hong Kong, 2005), pp. 1-56.

# 英文報章

Ella Lee, Stella Lee, "Green posters removed as commuters see red" *South China Morning Post* 24 February 1993.

Steven Pinker, "The Game of the Name" *The New York Times* 5 April 1994.

# 日文文獻

小倉慈司：〈『延喜式』卷五校訂（稿）〉，《国立歴史民俗博物館研究報告》2019 年。

# 線上資源

## 平台

香港中文大學，人文電算研究中心：《漢語多功能字庫》（2018 年），最後瀏覽日期 2021 年 8 月 30 日，連結：https://humanum.arts.cuhk.edu.hk/Lexis/lexi-mf/search.php?word=%E5%87%B6

香港中文大學，中國語言及文學系：《現代標準漢語與粵語對照資料庫》（2001 年），最後瀏覽日期 2021 年 8 月 30 日，連結：https://apps.itsc.cuhk.edu.hk/hanyu/Page/Cover.aspx

香港餐務管理協會：《香港中小企常用食物規格資料庫》（2007 年），最後瀏覽日期 2020 年 10 月 4 日，連結：http://www.fooddb.com.hk

Donald Sturgeon 編：《中國哲學書電子化計劃》（2016 年），最後瀏覽日期 2021 年 8 月 30 日，連結：https://ctext.org/introduction/zh

## 文章

恒善殯儀：〈名詞解釋：殮房、太平間〉，最後瀏覽日期 2021 年 8 月 30 日，連結：http://bye.com.hk/www/blog/%E8%91%AC%E7%A6%AE%E7%A6%81%E5%BF%8C-27（由於公司網頁更新，目前連結已失效）

基因殯儀：〈靈堂禁忌〉，最後瀏覽日期 2021 年 8 月 30 日，連結：http//www.funeral886.com/?gclid=Cj0KCQjw6SDBhCMARIsAGbI7Uj_FJZyeCuFsibPqbTeGe_GKX3wyD5jJQYoBNwgdqWNHNYnXcSZM1saAroHEALw_wcB（更新連結為 http://www.funeral886.com/funeral-traditional-style-3.html）

香港網絡大典：〈高登粗口 Filter〉，最後瀏覽日期 2021 年 8 月 30 日，連結：https://evchk.wikia.org/zh/wiki/%E9%AB%98%E7%99%BB%E7%B2%97%E5%8F%A3Filter

# 鳴謝頁

　　某天，與女友在餐廳點了兩碗「豬膶麵」，三十六元的「豬膶麵」成了整個研究的開端。細嚼豬膶，滿腹疑問卻如黃沙縈繞不去：「豬膶名字的由來是甚麼？粵語還有甚麼忌諱語？法國餐廳有沒有鵝膶？粵語人士是否普遍認識忌諱語⋯⋯」吃畢，便決意研究粵語忌諱。

　　研究歷時一年，無論是撰寫的過程或是結果均收穫甚豐，必須感謝在路途中付獻心力及相伴的各位。

　　感謝梁慧敏教授的指導，梁教授為論文的定位及學理架構提供了寶貴意見，亦在撰寫的過程中不斷點撥指正。更感謝梁教授對研究的充分肯定，鼓勵我在研討會上分享，讓我企及從前難以想像的高度。

　　感謝通泰行負責人李豐年先生，他不單在訪問中一一道來各種的行業忌諱，更熱情介紹行業傳統用品的典故。李先生的樂業精神及對

傳統文化的誠與敬，實值得晚輩效法。感謝婚禮統籌公司 One And Only 負責人譚海祥先生及金融界及醫護界的匿名受訪者。他們清晰解說了各自行業的「宜」與「忌」，更剖析忌諱與社會變遷的關係。這些訪談成為研究最真實的素材，亦是「語言與社會相互依存」的最佳寫照。

路途中難免偶覺困頓，幸得母親周巧玲、徐福強校長、昔日同窗陳偉全以及各位好友的相伴與砥礪。最後必須感謝女友陳海艷，在吃豬膶麵的同時擔任我的「最佳聽眾」。

**The Hong Kong Polytechnic University**
香港理工大學

**Department of Chinese and Bilingual Studies**
中文及雙語學系

**Declaration for the Dissertation/Project**
論文/專題研習聲明書

*(To be submitted with the dissertation/project)*
（於呈交論文/專題研習時一併提交）

Student Name　　學生姓名：Wong Chun Hei 王晉熙
Programme Title 課程　：　M.A. in Chinese Language and Literature　中國語文文學碩士
Dissertation/Project Title　：　The Linguistic Study of Taboo Phenomena in Cantonese

論文/專題研習題目　　粵語忌諱現象的語言學研究

I hereby declare that this dissertation/project is my own work. Except where reference is made in the text of this dissertation/project, this dissertation/project contains no material published elsewhere or extracted from a dissertation/project presented by other people individually or collectively. This dissertation/project has not been submitted for the award of any other academic qualification.

本人謹此聲明論文/專題研習為本人所撰寫。除行文中已經注明引用的內容外，本論文/專題研習不包含任何其他個人或集體已經發表過的內容。本論文/專題研習並沒提交予任何其他課程作為取得學歷之用途。

Signature　簽署　　：_____

Date　　　日期　　：____29/10/2021____